HISTORIAS DE FÚTBOL Y ROCK

TOCALA DE NUEVO

JUAN MANUEL D'ANGELO

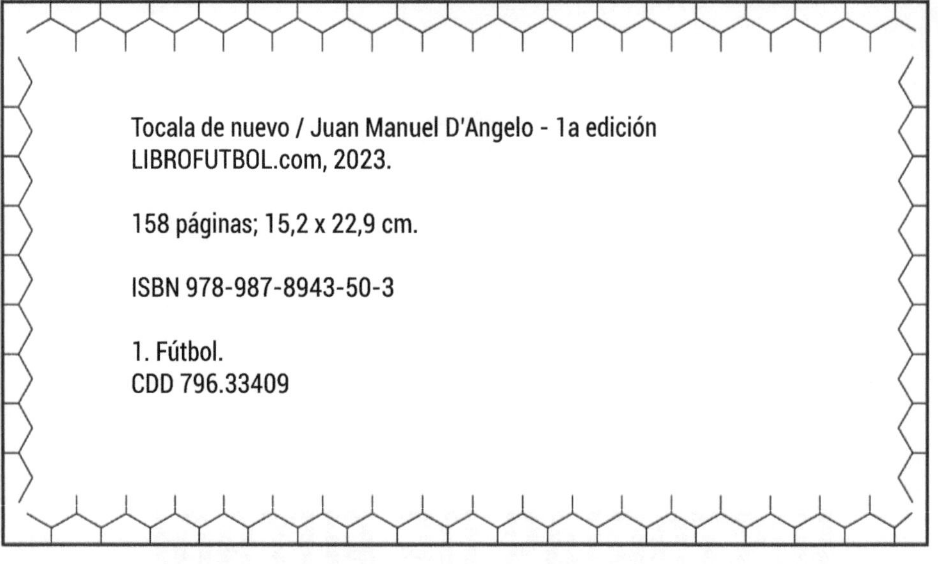

Tocala de nuevo / Juan Manuel D'Angelo - 1a edición
LIBROFUTBOL.com, 2023.

158 páginas; 15,2 x 22,9 cm.

ISBN 978-987-8943-50-3

1. Fútbol.
CDD 796.33409

TOCALA DE NUEVO
de Juan Manuel D'Angelo

Cubierta: Luciano Medvetkin

Foto del autor: © Juan Manuel D'Angelo
Foto de portada: © Panoramic/Press Association Images

ISBN 978-987-8943-50-3

1ª edición: enero 2023

ediciones@librofutbol.com

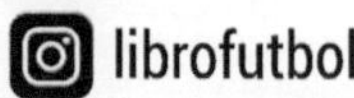
+54 9 11 2215 1982

librofutbol

Av. Libertador 6898 - Núñez - Ciudad de Buenos Aires - Argentina

ÍNDICE

CAPÍTULO 1

UN PICADO EN KINGSTON

Para un desprevenido, que el rostro de Bob Marley aparezca en la camiseta de un club de fútbol de Irlanda puede resultar toda una rareza, pero lo cierto es que entre el Bohemian de Dublín y el músico jamaiquino se estableció un vínculo que aún perdura en el tiempo. El 6 de julio de 1980, Marley y los Wailers dieron un *show* en el estadio Dalymount Park, la casa de los *bohs,* donde presentaron su disco *Uprising* y que con los años adquiriría carácter histórico debido a que fue el último recital en un recinto abierto que realizó el músico antes de su muerte en mayo de 1981. Por ese entonces, Irlanda no era un punto al que las bandas y los artistas internacionales prestaran demasiada atención, por lo que ya de por sí resultaba una rareza que los Wailers hicieran una parada por allí en medio de su gira europea. El encargado de llevarlos fue el promotor local Pat Egan, quien, tras averiguar la dirección en Londres del promotor europeo que organizaba la gira, lo esperó por varias horas sentado en la puerta de su oficina. Después de mucho insistir, finalmente Egan consiguió su cometido y empezó a planear el *show*. En un principio, el recital se iba a llevar a cabo en el RDS Arena, recinto propiedad de la Royal Dublin Society, pero, como los dueños se negaron a recibir a un rastafari, finalmente la organización propuso el Dalymount Park, ubicado en el barrio de Phibsborough.

Tras definir el lugar, comenzó la puja sobre el precio de las entradas. En un principio, el promotor irlandés quería cobras 10 libras por cada boleto, pero como el músico tenía como regla inamovible que los *tickets* debían venderse a un precio accesible, finalmente fijaron el valor en 7 libras. También fue este el primer recital en la historia de Irlanda que permitió que los niños ingre-

saran gratis con sus padres. Pese a que en un principio la venta de boletos arrancó lenta, para el día del evento se habían vendido 23 000 localidades, más un plus de 5000 *tickets* falsos cortesía de la familia criminal más prominente de la ciudad. Quizás arrepentidos de esta pequeña gran estafa, los mafiosos concurrieron al concierto con un regalo especial para Bob Marley y su séquito. En los días previos, la prensa irlandesa alimentó la polémica sobre si se les debería permitir a los músicos entrar cannabis al país, algo que finalmente no ocurrió. Atentos a esto, y como una manera de darle la bienvenida al ilustre invitado, el jefe de la banda le entregó en mano 450 gramos de la mejor marihuana de Dublín.

El *show* fue todo un suceso. Aunque no apareció en la portada de los periódicos al día siguiente, sí fue un hito en la vida cultural de la capital irlandesa. Si bien después muchas bandas importantes tocaron en ese mismo estadio (Thin Lizzy, Black Sabbath, Faith No More, Sonic Youth, etc.), ningún acto causó tanto impacto. Uno de los momentos más memorables fue cuando Marley dedicó *Redemption song* a la lucha del pueblo irlandés. Por esos años, la violencia en Irlanda del Norte también impactaba en su vecino del sur. Los enfrentamientos entre el Ejército Republicano Irlandés (IRA) y las fuerzas militares de ocupación inglesas (y algunos grupos paramilitares unionistas como la UVF) estaban a la orden del día y las esquirlas de la batalla llegaban hasta Irlanda. En la memoria de todos estaban frescas las imágenes de las cruentas represiones de la Royal Ulster Constabulary —la policía del Imperio Británico en tierras norirlandesas— contra los católicos de Belfast y Derry. Como era usual, estos hechos tuvieron su correspondiente réplica, con el IRA elevando la apuesta. En 1979, en las costas de Sligo, el grupo asesinó a Lord Mountbatten, tío de la Reina Isabel y último Virrey de la India. En Jamaica, mientras tanto, pese a que la independencia había sido alcanzada en 1962, tantos años de opresión y violencia británica (sobre todo contra los rastafaris) había dejado una marca imposible de borrar. De allí el reconocimiento de Marley a aquellos que buscaban el fin de colonialismo del imperio y la unificación de toda la isla de Irlanda. Para colmo, el destino quiso que los Wailers tocaran en el estadio del equipo más político de la región. Al igual que el St. Pauli de Alemania, los *bohs* tienen una gran tradición obrera, antifascista y antirracista que exhiben orgullosos cada vez que tienen la oportunidad.

Como suele suceder con esa clase de eventos masivos y que dejan marca, el número de asistentes a este *show* se fue incrementando con los años, lo que hizo que la ligazón entre el club y Marley se reforzara aún más en la memoria colectiva. Prueba ello es el mural que el artista Niall O'Lochlainn pintó en el estadio y que recuerda aquel famoso recital. Pero esto no es todo. En 2011, cuando Bohemian atravesó una dura situación económica, los hinchas tomaron a *Three little birds* de los Wailers como una especie de himno para infundirse esperanza —el Ajax de los Países Bajos también adoptó como propia esta canción—. Más tarde, en 2019, el club y la empresa que lo viste idearon un modelo de camiseta suplente en donde apareciera el rostro de Marley a modo de homenaje. La nueva indumentaria fue un suceso inmediato y O'Neill, la marca que viste a los *bohs*, recibió pedidos desde todo el mundo. Desgraciadamente, debido a que el club había lanzado el producto sin la autorización de los herederos del músico, esta vestimenta debió eliminarse rápidamente del catálogo. El Bohemian mantuvo el diseño, aunque reemplazó la cara del músico con un puño negro, símbolo de las Panteras Negras, una conocida agrupación política de la comunidad negra fundada por estudiantes universitarios estadounidenses en los sesenta. El dinero obtenido por las ventas de estas camisetas —aproximadamente 20 000 euros— fue donado a organizaciones de ayuda a refugiados políticos asilados en Irlanda. Recién a comienzos de 2022, y después de acordar con los herederos, el club pudo finalmente utilizar la imagen del músico en su camiseta suplente, la cual mantuvo el diseño original vetado en 2019.

Ahora bien ¿a Bob Marley le gustaba el fútbol? Lo adoraba. En múltiples entrevistas, el jamaiquino confesó que el amor por este deporte estaba solo por debajo de su amor por la música. "El fútbol es libertad" solía decir, pero para él fue más que eso. Fue su primera forma de expresión. Nacido en la región rural de Nine Mile el 6 de febrero de 1945, el hijo de Cedella Malcolm y Norval Sinclair Marley —de quien por años se dijo que era capitán, pero solo fue parte de los cuerpos británicos durante la Primera Guerra Mundial (nunca vio acción en batalla)—, tuvo una infancia complicada, la cual estuvo marcada por el abandono. Durante un tiempo vivió tranquilamente en la granja de su abuelo materno, hasta que su padre se lo llevó a Kingston con la intención de establecerse allí y esperar a Cedella que llegaría un tiempo más tarde. Ya en la gran ciudad, Norval se desentendió de su rol y el pequeño Nesta Robert deambuló por las calles como si fuera un huérfano. Cuando su madre finalmente dio con él, lo encontró deambulando solo y se lo llevó nuevamente para Nine Mile. Bob tenía diez años cuando se enteró de que su padre había muerto

y fue en ese preciso momento en el que su madre decidió partir otra vez hacia Kingston en busca de un futuro mejor. Su nuevo hogar fue Trench Town, un gueto en la zona más pobre de la capital, donde experimentó una nueva forma de discriminación. Si los blancos lo trataban mal por su color de piel, en Trench Town muchos lo rechazaban por no ser demasiado negro (su padre era mestizo). Y en la escuela la cosa tampoco iba mejor. Después de concurrir a varios establecimientos, a los 14 años decidió abandonar definitivamente la educación formal. La pelota de fútbol se transformó en la alternativa que encontró el muchacho para escapar no solo de sus problemas personales —cuando la madre inició una relación con otro hombre, comenzó a rechazar a su propio hijo—, sino también a la violencia que inundaba las calles de su barrio. En los partidos callejeros, en donde abundaba la pierna fuerte y las cosas no siempre terminaban de la mejor manera, el joven Marley aprendió a valerse por sí mismo. Habilidoso como era, soportaba estoicamente las patadas de sus rivales y seguía jugando. Eso no quiere decir que dentro del campo de juego el músico fuera todo paz y amor. Cierta vez dijo que, si le hubiese gustado más el fútbol que la música, estaría en problemas porque cuando jugaba, lo hacía duro, lo hacía para ganar. Tanto amaba el deporte que, una vez consagrado, construyó un pequeño estadio en su casa de Kingston para poder jugar con sus amigos.

Como suele suceder, su despertar musical también ocurrió durante la adolescencia. Debido a que provenían de una de las zonas más complicadas de la capital, a los habitantes de Trench Town se les complicaba a la hora de conseguir trabajo y la única forma de destacar era hacerlo a través del deporte o formando un grupo musical. Era usual que los jóvenes del barrio formaran agrupaciones de *reggae* o *ska*, a la espera de poder conseguir algún contrato discográfico o al menos unos cuantos recitales pequeños para poder ganarse unos billetes. El profesor y mentor de Bob fue Joe Higgs, un conocido artista local venido a menos que fue de los primeros en grabar un disco y hoy es considerado por muchos como el padre del *reggae*. Según palabras del propio Higgs, al principio Marley no se destacaba demasiado a la hora de cantar, pero lo hacía con una pasión pocas veces vista. Con el tiempo, fue perfeccionando su técnica y empezó a sobresalir por sobre el resto. El germen de lo que serían los Wailers comenzó a formarse en esas sesiones de ensayo en las que Joe Higgs coordinaba a un grupo de jóvenes —entre los que estaban Peter Tosh, Bunny Wailer y Junior Braithwaite— a los que instruía no solo de música, sino también sobre la vida. Ahora bien, el primero en intuir que había futuro en este grupo de muchachos encabezados por Bob Marley fue Allan *Skill* Cole, alguien que sería famoso por derecho propio.

Con solo 15 años, Cole se transformó en el futbolista más joven en debutar en el seleccionado nacional de Jamaica y fue una de las figuras del fútbol jamaiquino de los sesenta y setenta. Cole, mediocampista con muy buen pase y excelente visión de juego según sus excompañeros, tuvo una destacada carrera jugando en la liga nacional, en el Atlanta Chiefs de Estados Unidos y llegando incluso a fichar para Náutico de Brasil en 1971. Con este equipo, se dio el lujo de enfrentar a jugadores de la talla de Pelé, Gerson, Tostao y Jairzinho, todos ellos campeones del mundo tan solo un año antes. Pese a sus buenas actuaciones en el campo de juego, para mitad de temporada, el entrenador del Náutico no estaba muy a gusto con el *look* rastafari de *Skill* y le pidió de mala manera que se cortara sus *dreadlocks*. Fiel a sus convicciones, el futbolista hizo sus maletas, volvió a su país sin mirar por el espejo retrovisor y se transformó en nuevo jugador del Santos de Jamaica, escuadra con la que conquistó tres ligas de manera consecutiva. Fue por esos días en los que Cole se transformó en un miembro honorario de los Wailers. Cole y Marley ya eran muy buenos amigos para ese entonces. La primera vez que coincidieron fue en 1962, cuando Allan tenía 12 años y Bob 17. El encuentro se dio en la casa de Mortimo Planno, un líder comunitario muy conocido en Trench Town que impartía clases sobre política a los más jóvenes, y la química entre los muchachos fue inmediata pese a la diferencia de edad. Apasionados por el fútbol, el vínculo entre ambos se fortaleció y Cole pronto se transformó en uno de los mejores amigos del músico. A su retorno de Brasil, *Skill* era uno de los tres deportistas más importantes de la isla (los otros dos eran el jugador de criquet Lawrence Rowe y el velocista Donald Quarrie) por lo que podía permitirse ciertas licencias como acompañar en las giras a su compadre del alma. Eso sí, su presencia en el grupo —después de todo era considerado como un miembro más— tenía un motivo: Allan Cole era el encargado de organizar los partidos de fútbol durante los viajes y también cumplía funciones como una suerte de preparador físico de Marley. En los picados improvisados que se jugaban antes de los *shows* era usual que, además de los miembros de la banda, se sumaran los *roadies* o plomos, músicos de los grupos soportes, periodistas e incluso cualquier persona que anduviera por allí. De hecho, antes del *show* en Dalymount Park, el famoso *match* fue interrumpido por el jardinero de los *bohs*, quien, visiblemente enojado, los echó del campo de juego. Fue Cole, además, quien transformó al músico en un hincha acérrimo del Santos de Pelé y de la selección de Brasil. Debido a que Jamaica no trascendía a nivel internacional, Marley no tardó en mutar ese amor por el club de Sao Paulo a un fanatismo por el equipo nacional brasileño, aunque, según su hija Cedella, la influencia de su amigo fue solo una de las causas por las que su padre amaba el fútbol de Brasil: "La música, la cultura, la comida, las mujeres. Si lo piensas, hay muchos puntos en común con Jamaica. Creo que fue eso lo que lo hizo enamorarse de Brasil".Curiosamente, su amor por la Verdeamarella no le impidió tomarle cariño al seleccionado argentino que ganó la Copa del Mundo 1978. Durante ese Mundial, el músico estaba en plena gira por Europa y Norteamérica, pero se aseguró de que sus *shows* estuvieran organizados de tal manera que pudiera ver la mayor cantidad de partidos. El triunfo de la selección Albiceleste hizo que Bob se impresionara particularmente con Osvaldo Ardiles, una de las piezas claves en el equipo de César Luis Menotti. Por esta razón, cuando Ossie y Ricardo Villa firmaron con el Tottenham en la siguiente temporada, el cantante también se hizo fanático del club de Londres.

***

Los setenta fueron una época particularmente violenta en Jamaica. El 6 de agosto de 1962, el país declaró oficialmente su independencia tras 307 años de dominio británico (y 146 años de colonialismo español), pero esta pequeña y pobre isla lejos estaba de ser un lugar donde reinara la paz y el amor. Durante años se impuso la ley de los pistoleros, bandidos y narcotraficantes, quienes, además, alquilaban sus habilidades a los dos grandes partidos políticos: el Partido Nacional del Pueblo (PNP), de raíz socialista, y el Partido Laborista Jamaiquino (JLP), vinculado con la CIA y el Departamento de Estado de Estados Unidos. En plena Guerra Fría, era imposible que estas agrupaciones quedaran exentas de los avatares del mundo bipolar, por lo que, en 1976, cuando el país marchaba hacia la cuarta elección general, tanto Moscú como Washington prestaban atención a lo que sucedía en Kingston. Separadas apenas por 383 kilómetros, las islas de Cuba y Jamaica tenían en ese tiempo una clara afinidad ideológica. Ese año, el primer ministro Michael Manley, quien era muy cercano a Fidel Castro, buscaba la reelección frente a Edward Seaga del JLP y ambos candidatos trabajaban para lograr el apoyo público de Bob Marley, ya en ese entonces el jamaiquino más famoso del mundo y la primera megaestrella de la música surgida en el Tercer Mundo. El problema era que el músico deseaba permanecer neutral. Marley sabía que su música movía a miles de personas y no era inocente con respecto al lugar que ocupaba en la opinión pública de su país. También era consciente de que la brecha que separaba a las dos agrupaciones políticas era abismal y que sus posiciones eran prácticamente irreconciliables. Decantarse por uno u otro bando implicaba traicionar su posición apolítica, la cual reafirmo públicamente en la famosa entrevista que otorgó por ese entonces a la revista *Rolling Stone*. No por nada el escritor jamaiquino Marlon James asegura hoy que, en ese momento, el músico era la única fuerza capaz de unir a un país dividido.

Para contrarrestar ese clima de hostilidad permanente, el gobierno de Manley convenció a Bob de presentarse en un concierto gratuito en la capital el cual sería conocido como "Smile Jamaica" [Jamaica sonríe]. El evento, que estaba programado para el 5 de diciembre, de repente pasó a ser un acto de campaña más cuando el gobierno decidió adelantar las elecciones generales al día 16 de ese mismo mes. Aunque el cantante denunció la maniobra política —y reafirmaba su postura pública de que los políticos son el Diablo— decidió seguir adelante con el *show*, aun cuando recibió amenazas de muerte para no presentarse.

El 3 de diciembre, dos días antes del "Smile Jamaica", siete pistoleros desconocidos ingresaron a la casa del músico. Mientras sus compañeros ensayaban la sección de vientos, Marley, su esposa Rita y su mánager Don Taylor se encontraban en la cocina tomando un refrigerio. Allí los sorprendió el ataque. Las versiones nunca fueron claras —algunos vieron dos autos blancos, otros dicen que uno solo—, pero lo cierto es que la balacera fue digna de una película del Salvaje Oeste. Cada uno de los maleantes llevaba dos armas y en total dispararon 86 tiros a mansalva. Los músicos se refugiaron en un baño en el fondo de la casa, pero Marley, su pareja y su representante no tuvieron tanta suerte. Bob recibió un impacto de bala en uno de sus brazos —que quedó alojada hasta el día de su muerte— y Rita sufrió un disparo en la cabeza que milagrosamente no le provocó un daño muy grave. El que se llevó la peor parte fue Don Taylor, quien recibió cinco impactos de bala y, aunque sobrevivió al ataque, su estado era muy grave. Los atacantes nunca fueron encontrados. La policía, que supuestamente debía cuidar al músico y su séquito debido a las amenazas de muerte, brilló por su ausencia. Con el tiempo, se tejieron varias hipótesis sobre el autor intelectual del atentado: desde el gobierno del primer ministro Manley, el ataque se adjudicó a seguidores de la agrupación conservadora JLP debido a que el *show* sería un espaldarazo para que PNP pudiera mantener el poder —cosa que terminó sucediendo—. Sin embargo, la versión contraria afirma que en realidad fue el Partido Nacional del Pueblo quien ordenó el ataque para hacer parecer como salvajes a sus rivales políticos y tener un mártir antes de la elección general. Sea como sea, la única verdad es que, dos días después de la balacera, los Wailers, con Bob Marley a la cabeza —estaba vendado en su brazo y en su pecho— salieron al escenario y dieron un *show* de una hora para más de 80 000 personas.

Pero el ataque sí tuvo consecuencias en el músico. A los pocos días, se fue del país abrumado por la situación y emprendió un largo éxodo que lo llevó a distintos lugares del mundo y lo inspiró para componer el que la revista *Time* designó como el mejor álbum del siglo XX, Exodus. Una de sus escalas en esa larga procesión lejos Jamaica fue Etiopia, una tierra que los jamaiquinos también sentían como propia.

En 21 de abril de 1966 ocurrió un hecho fundamental en el movimiento rastafari: la llegada al país de Haile Selassie, el último emperador de Etiopía. Nacido como Ras Tafari el 23 de julio de 1892, el hijo de emperador Menelik III demostró desde edad temprana una gran inteligencia y un don para el mando y así fue que en 1930 ascendió al trono de su país. Ahora bien ¿por qué este noble africano fue recibido por 100 000 personas en el Aeropuerto Palisadoes de Kingston y despertó un fervor religioso inusitado en una nación que estaba en otro continente? Todo comenzó con una profecía.

Marcus Garvey (1887–1940) fue un periodista y activista jamaiquino que luchó por el fin de la esclavitud y la independencia de Jamaica. A principios del siglo XX, se trasladó a Estados Unidos, más precisamente a Nueva York, donde fundó un periódico —el *Negro World*— y la primera filial internacional de una agrupación creada por él mismo en su propia tierra unos años antes, la Asociación Universal para la Mejora del Hombre Negro (UNIA su sigla en inglés). Como líder de este grupo —que según sus propias estadísticas tenía más de dos millones de miembros para 1918 y que había realizado multitudinarias reuniones en el Madison Square Garden—, Garvey produjo varios textos y en uno de ellos en particular escribió lo que muchos interpretaron como una premonición: "Mirad hacia África, a la coronación de un rey negro; él será el redentor". Algunos años más tarde, cuando Selassie ascendió al trono de Etiopía y fue proclamado como "Negusa Negast" [el rey de reyes], los seguidores de Garvey interpretaron este hecho como la confirmación de aquella premonición. Para los descendientes de los esclavos africanos que habían sido arrancados de sus tierras para trabajar en las plantaciones de Jamaica, Etiopía tenía una significación especial, entre otras cosas, porque el nuevo rey afirmaba ser descendiente directo del Rey Salomón. A partir de ese momento, miles de jamaiquinos adoptaron a Haile Selassie como su nuevo dios y a Marcus Garvey como su profeta. Pese a que pasaron más de tres décadas entre el momento en el que fue coronado y su histórica visita, la fe en el monarca de Etiopía no había mermado un ápice. Durante su visita, el rey jamás intentó disipar entre los creyentes la noción de que este era un dios y, para seguir reforzándola, a partir de ese momento mantuvo vínculos estrechos con los líderes del movimiento rastafari. Cuando Selassie murió solo, enfermo y en prisión en 1975 —había sido depuesto por un golpe de estado un año antes— los jamaiquinos se negaron a creer la noticia de su deceso. Para algunos se trataba de una mentira orquestadas por aquellos que buscaban oprimirlos y otros simplemente concluyeron que Jah —Dios— había habitado este cuerpo mortal solo de manera temporal.

Durante mucho tiempo Marley intentó visitar África, pero distintas razones se lo impidieron. Incluso antes del ataque contra su vida, el músico soñaba con realizar una gira por el continente, haciendo foco especialmente en Etiopía, donde también proyectaba mudarse y crear un estudio de grabación. En 1978 finalmente concretó su anhelo, pero ese viaje también supuso una desilusión. Por varios días, él y su séquito estuvieron en Kenia buscando la manera de cruzar la frontera, pero se les hacía imposible. De cómo finalmente consiguió ingresar a territorio etíope hay dos versiones. Por un lado, se dice que fue un funcionario de migraciones que lo reconoció e hizo las gestiones pertinentes. En cambio, Allan *Skill* Cole aseguró años después que fue él quien destrabó la situación y permitió que Marley entrara a Etiopía. En esos días, el antiguo futbolista de la selección nacional de Jamaica se encontraba trabajando en la capital, Addis Ababa, como entrenador del equipo de fútbol de la Ethiopian Airlines y fue él quien guio al famoso músico por la tierra natal de Haile Selassie. Para Marley, la algarabía por pisar la tierra prometida solo duró unas horas. El golpe de estado que tiempo antes había acabado con el reinado de Ras Tafari se propuso borrar de la faz de la tierra cualquier signo de su existencia. Su imagen fue prohibida y la sola mención de su nombre acarreaba consecuencias terribles para quien lo pronunciara. Pese a este sinsabor, Bob pudo reco-

nectarse con uno de sus más grandes amigos, aun cuando su entorno no veía con buenos ojos esta relación. Algunos miembros de la banda han denunciado que, durante el tiempo que Cole llevó los asuntos de los Wailers, mucho del dinero que ganó la banda se perdió, ya sea por malos negocios o por la canaleta del juego. En los sesenta, Skill fue el encargado de dar a conocer al grupo en las radios locales, promocionando su trabajo. Aunque no lo era, actuaba como una especie de mánager de los Wailers y la banda lo reconocía como tal, participándolo de las ganancias. Su trabajo era dar a conocer al grupo, presionando —a veces de manera amable y otras recurriendo a amenazas— a los DJs de las radios de Kingston para que hicieran sonar las canciones de su amigo. Durante un tiempo las cosas parecían funcionar normalmente, pero en un momento se hizo evidente que en las cuentas faltaba dinero y todas las miradas se posaron sobre Cole. El único que siempre lo defendió fue Marley, quien nunca puso en duda la palabra de su amigo. Igualmente, muchos de los que convivieron con el grupo durante esos años sostienen que el viaje de *Skill* Cole a Etiopía no fue por razones laborales, sino para escapar de los prestamistas que querían cobrar lo que se les debía.

El amor de Marley por el fútbol fue total. En cada rato que los Wailers tenían libre, una pelota aparecía y el tiempo se detenía. "El fútbol es libertad" sostenía, y para una estrella mundial de la música como ya lo era él a mediados de los setenta, cualquier oportunidad de jugar era una distracción de la carga que significaba ser un símbolo para millones de personas. Lamentablemente, en un cruel giro del destino, fue su amor por este deporte lo que ocasionó la lesión que, años más tarde, le causaría la muerte. En 1977, antes de la ambiciosa gira para presentar Exodus, Bob Marley sufrió una lesión durante un partido jugado en su casa de Kingston y perdió la uña de uno de sus dedos del pie derecho. Aunque la lesión parecía ser de cuidado, él le restó importancia y se curó a sí mismo con ungüentos y remedios naturales. Por un tiempo parecía que todo iba bien, pero en París se volvió a resentir después de un *match* disputado en contra de un grupo de periodistas franceses. Pese al dolor, el músico siguió con su ajetreado tour —durante mucho tiempo tocó en sandalias— y no hizo tratar esa lastimadura como correspondía. Lo que era una lesión tratable, con el tiempo derivó en la aparición de un tumor maligno y los médicos comenzaron a sopesar distintas alternativas que iban desde la amputación del dedo afectado hasta seccionarle la pierna entera. Por motivos religiosos —y también para proseguir su carrera musical sin inconvenientes— el paciente se negó a aceptar estas alternativas y por varios meses se sometió a distintos y polémicos tratamientos, que incluyeron un implante de piel en la zona afectada. Tras esta intervención, Marley pareció mejorar e incluso pudo retomar sus actividades de manera normal. Pero el melanoma no solo seguía en su cuerpo, sino que hacía metástasis de manera silenciosa. Debido a la naturaleza de los rastafari, por mucho tiempo se negó que Bob tuviera cáncer y solo unos pocos conocían su real estado de salud. Para 1980, sin embargo, su enfermedad ya era evidente y comenzaron a correr versiones disparatadas sobre que la CIA había pagado a médicos franceses para que le inyecten el melanoma en el cuerpo. Pese a que varios miembros de su entorno le pidieron que se pusiera en las manos de los doctores y que aceptara cualquier tratamiento que estos le propusieran, Marley siguió desautorizándolos y, en su lugar, escuchaba los consejos "medicinales" de los líderes rastafaris. "El rasta no lidia con la muerte" le decían.

Para septiembre de 1980, cuando los Wailers tocaron en el Madison Square Garden de Nueva York junto a The Commodores —la banda original de Lionel Richie—, la salud del músico ya estaba en un punto de no retorno. Sus actuaciones en el escenario eran apagadas debido a su delgadez extrema y al dolor en todo el cuerpo que le producía el cáncer, que había hecho metástasis en su estómago. Aunque ya muchos sabían sobre su padecimiento, en la prensa comenzaron a correr rumores sobre supuesto abuso de drogas o, por el contrario, una larga abstinencia a la marihuana. Fue durante esa visita a la Gran Manzana cuando el músico se descompensó mientras caminaba por Central Park y debió ser socorrido por Allan *Skill* Cole, quien casi tuvo que cargarlo hasta la habitación del hotel. Los estudios posteriores revelaron que el músico tenía un tumor cerebral imposible de operar y que solo le quedaban semanas de vida. Su último *show* fue en Pittsburgh, el 23 de septiembre. Para ese entonces, ya su entorno sabía que el fin estaba cerca y el resto de la gira de presentación del álbum *Uprising* fue cancelada.

En octubre, varias estaciones de radio dieron a conocer la noticia de que el líder de los Wailers padecía un cáncer terminal. Pese a que no quedaba mucho por hacer, los médicos lo sometieron a quimioterapia para intentar aplacar los fuertes dolores. Sus famosos *dreadlocks* comenzaron a caer debido a los efectos del agresivo tratamiento y el mismo opto por cortarlos todos. Aun en ese estado tan deteriorado de salud, Marley intentó algunas veces más jugar al fútbol, su otra gran pasión. En algunas ocasiones creía sentirse en buena condición física para intentar patear la pelota y Allan Cole le organizaba partidos, pero a los pocos minutos de juego el cantante se daba cuenta de que ya no tenía la fuerza suficiente y se sentaba al costado de la cancha a observar cómo jugaban sus amigos. A lo último, no podía pararse ni caminar sin la asistencia de un tercero. Bob Marley murió el 11 de mayo de 1981 y fue despedido por su pueblo con honores de primer mandatario. Su cuerpo fue repatriado desde Estados Unidos para un funeral de estado que duró dos días y que tuvo a cientos de miles participando de la procesión para dar sus respetos. Allan Cole fue uno de los encargados de hablar en su funeral.

***

Tras su deceso, la familia se encargó de mantener el vínculo del artista con el balompié. En 1998, cuando la selección jamaiquina tuvo su única e histórica participación en una Copa del Mundo, su hijo mayor, Ziggy, fue el encargado de grabar el himno oficial del equipo conocido por todos como los *reggae boyz*. En Francia, y pese a que se despidieron rápidamente del torneo, los muchachos jamaiquinos fueron el equipo que más simpatías despertó. En un claro contraste con la actitud casi dictatorial que imperaba en la concentración argentina de L'etrat —pelo corto, sin aritos y con boicot a la prensa incluido— estos chicos fueron la personificación de la alegría misma, siempre sonriendo y enarbolando la bandera del "feeling good mom".

¿Y cómo no festejar si habían conseguido algo histórico? Tercera en el hexagonal final detrás de México y Estados Unidos, la clasificación jamaiquina al Mundial sorprendido a propios y extraños. Durante esos días, en la isla no había una competición profesional y la mayoría de los jugadores trabajaba de otra cosa para subsistir. El hombre detrás de este milagro fue el entrenador brasileño René Simoes. Con una larga trayectoria como DT que se remontaba hasta 1978, el oriundo de Rio de Janeiro fue contactado a mediados de 1994 por Horace Burrell, presidente de la federación jamaiquina de fútbol y un alto mando del ejército reconvertido en empresario. Burrell, que deseaba utilizar al seleccionado como plataforma para su lanzamiento político, le encomendó a Simoes la hercúlea tarea de construir una escuadra ganadora en un contexto donde la infraestructura era defectuosa y la financiación insuficiente. El nuevo mánager tuvo que hacer uso de toda su inventiva para satisfacer el encargo y su primera tarea fue la detección de talentos que estuvieran por fuera del radar de la federación. Para eso viajó varias veces a Inglaterra con la intención de mantener entrevistas con algunos futbolistas británicos de ascendencia jamaiquina. Fue un trabajo de hormiga que consistió en seducir a los jugadores con la posibilidad de hacer historia representando a un país al que muchos de ellos apenas si visitaron alguna vez. Por suerte para Simoes, la prédica dio sus frutos y al equipo se sumaron Marcus Gayle del Wimbledon, Deon Burton del Porstmouth, Frank Sinclair del Chelsea y Darryl Powell del Derby County. Pero con eso no bastaba. Los miembros locales de la selección eran jugadores *amateurs*, cuyo sustento únicamente dependía de sus trabajos regulares, muchos de ellos en la industria hotelera. Por ejemplo, el mediocampista Theodore Whitmore preparaba tragos en el bar de un hotel donde también trabajaba como maletero el portero Warren Barrett. Ante esta disyuntiva, el entrenador ideó una genial campaña publicitaria llamada "Adopte un jugador", en donde se invitaba a empresas importantes como Shell, Citibank o Burger King a patrocinar económicamente a un determinado futbolista del equipo. Solucionadas las cuestiones más urgentes, René Simoes se concentró en diseñar un esquema que le permitiera a su equipo aprovechar las pocas virtudes y esconder sus múltiples defectos. Tras superar a Surinam y Barbados en las primeras rondas, y ganar con solvencia el grupo C, los *reggae boyz* llegaron al hexagonal final como uno de los favoritos. Pero, tras de un esperanzador empate 0 a 0 como local ante Estados Unidos, México le propinó un duro 6 a 0 jugando en el DF. Finalmente, y gracias a un clave triunfo como local contra Costa Rica y dos empates en las últimas fechas, Jamaica consiguió meterse en el selecto grupo de naciones que disputaron una Copa del Mundo de la FIFA. Tras Francia 98, la situación del fútbol jamaiquino cambió poco y nada. Si bien es cierto que la liga se profesionalizó en parte por los cuatro millones de dólares que ingresaron en las arcas de la federación después del Mundial, los *reggae boyz* no pudieron capitalizar por completo el impulso. Nunca más accedieron a una Copa del Mundo y sus resultados en la Gold Cup de la Concacaf no fueron los esperados, apenas llegaron a los cuartos de final en tres ocasiones entre 1998 y 2011. Recién en 2015 y 2017 la escuadra volvió a los primeros planos quedando como subcampeona de México y Estados Unidos respectivamente.

CAPÍTULO 2

SOLO LOS BUENOS MUEREN JÓVENES

"Nunca conocí a nadie como él. Lo veías en el vestuario y pensabas:'Este chico no puede jugar al fútbol'. Era poco ortodoxo en la forma en la que se vestía, en la forma en la que hablaba, en la forma en la que actuaba. No era como el resto de nosotros. Pero, una vez que entraba al campo de juego, no había nadie más rápido que él. Y también era valiente, muy valiente. Era un talento verdaderamente increíble".

Ryan Giggs

Cualquier futbolista merecedor de tales loas por parte del astro galés del Manchester United seguramente fue un *crack* de nivel mundial, con varias Copas del Mundo en el lomo y algún que otro Balón de Oro en sus vitrinas. Pero ese no es el caso de Adrian Doherty. Giggs no fue el único que se deshizo en elogios para con él. Phil Neville lo comparó con Lionel Messi, su hermano Gary dijo que era de otro mundo e incluso el historiador de los *reds devils*, Tony Park, aseguró que su talento era la suma del de Giggs, Andrei Kanchelskis y Cristiano Ronaldo. Sin duda, un jugador de estas características debería haberle disputado a Diego Maradona el cetro como el mejor de la historia, pero Doherty hoy solo vive en el recuerdo de aquellos que lo vieron jugar y pueden dar testimonio de sus proezas en el *field*.

Nacido en Strabane, Irlanda del Norte, el 10 de junio de 1973, este *wing* era considerado por todos como el mejor proyecto de la cantera del Manchester United a finales de los ochenta y principios de los noventa. En ese momento, tanto Adrian como Giggs eran seguidos bien de cerca por Sir Alex Ferguson, aunque el muchacho norirlandés parecía sacar una pequeña ventaja en la consideración del histórico mánager. Cada vez que el dúo subía a entrenar con el equipo de primera, Ferguson le corregía cosas a Ryan Giggs y hasta le gastaba alguna que otra broma típica del maestro que imparte una lección, pero con Doherty era distinto. A él no había que decirle nada. Doc —como lo llamaban sus compañeros— era el prototipo ideal de jugador para Fergie: un *wing* rápido que no tenía miedo de tomar riesgos, que era impredecible y que raramente perdía la pelota. En palabras del propio Giggs, era como si Doherty viera todo lo que sucedía a su alrededor en cámara lenta.

***

Entre el final de la Segunda Guerra Mundial y el comienzo de la Guerra de los Balcanes en los noventa, Irlanda del Norte fue uno de los puntos más calientes del continente europeo debido a los enfrentamientos entre los grupos paramilitares republicanos que luchaban por la unificación de las dos partes de la Isla de Irlanda y las fuerzas de ocupación inglesa. Tras siglos de intentarlo, finalmente, a partir del siglo XVII, Inglaterra se estableció en la región, desplazando a los pueblos originarios gaélicos hacia el sur de la isla y permitiendo que se establecieran sus colonos. Como era de esperarse, los conflictos entre los habitantes originarios y los invasores se hicieron frecuentes y se extendieron en el tiempo. En 1800, y como una manera de contrarrestar los conatos de violencia, la corona inglesa finalmente disolvió el parlamento irlandés y estableció lo que se conoció como el Acta de Unión en la que se determinó que la isla pasaba a formar parte del Reino Unido junto a Gales y Escocia. A mediados del siglo XIX, una desastrosa cosecha de papas en el sur —donde se concentraba la mayoría católica— desencadenó en una crisis alimentaria sin precedentes que mató a más de un millón de personas y envió al exilio a igual número. Aunque *La Gran Hambruna* impactó en toda la isla, en los condados del norte se sintió menos debido a que Belfast, con sus fábricas, sus molinos y sus astilleros se había transformado en el centro industrial de la región.

Entre finales del siglo XIX y principios del siglo XX, los levantamientos armados por parte de los irlandeses que luchaban contra los ocupantes ilegales se hicieron cada vez más frecuentes y fue en esos tiempos en los que surgieron los primeros grupos independentistas. Para el Imperio Británico, la cuestión irlandesa se estaba volviendo un problema cada vez más acuciante y, aunque algunos proponían dotar a la díscola isla de cierta autonomía, dentro de ella los partidarios de seguir siendo miembros del Reino Unido veían a esto como una traición. A raíz de este clima de violencia, en 1913 surgieron dos fuerzas paramilitares que marcarían a sangre y fuego los años venideros: La unionista Ulster Volunteer Force (UVF) y el republicano Irish Republican Army (IRA). Aunque la Primera Guerra Mundial puso en *stand-by* cualquier enfrentamiento entre las dos facciones, para 1916 los republicanos pasaron a la acción. Liderados por el abogado Patrick Pearse y el sindicalista James Connolly, los revolucionaron tomaron varios puntos de la ciudad de Dublín y declararon la formación de la República Irlandesa. Aunque el levantamiento fue aplacado y sus instigadores fusilados, la llama de la independencia siguió encendida. A partir de 1918, y aprovechando que los ingleses estaban exhaustos por el esfuerzo bélico, los republicanos irlandeses retomaron los enfrentamientos, lo que decantó una guerra de guerrillas que se extendió hasta 1920. Al gobierno del Reino Unido la situación se le fue rápidamente de las manos y, finalmente, optó por una solución salomónica: la división del territorio en dos entidades distintas. De los treinta y dos condados que componían la Isla de Irlanda, los veintiséis de ellos de mayoría católica pasaron a formar lo que sería conocido como el Estado Libre Irlandés, mientras que los restantes seis, de mayoría protestante, fueron bautizados como Irlanda del Norte, permaneciendo como parte integral del Reino Unido. Sin embargo, esto no significó que la violencia se detuviera. En los seis condados del Ulster, las minorías católicas —todos ellos partidarios republicanos— eran oprimidas por las elites unionistas y protestantes y excluidas de la vida social y política norirlandesa. Por esta razón, los grupos paramilitares como el IRA se mantenían activos y en la lucha contra las fuerzas militares de ocupación —y contra los unionistas paramilitares de la UVF—. Los enfrentamientos, que hasta ese momento eran focalizados, llegaron a un punto crítico a finales de los sesenta tras una dura represión a los católicos del condado de Londonderry. Ese hecho fue la gota que derramó el vaso y el desencadenante de lo que años más tarde fue conocido como The Troubles [Los Problemas], una serie de enfrentamientos armados y atentados que se extendieron por todo el territorio de Irlanda del Norte —y también

en Irlanda— desde principios de los setenta hasta bien entrada la década de los noventa.

***

En Strabane, The Troubles también se sentían con fuerza. Aunque no con la misma intensidad que en Belfast, eran frecuentes los enfrentamientos armados, los motines y las explosiones de coches bombas. Para colmo, la tasa de desempleo en la ciudad era una de las más altas de Irlanda del Norte —aproximadamente, 20% de población no tenía trabajo y la gran mayoría de ellos eran católicos—. Esta situación caótica envió a muchos al exilio hacia Inglaterra, Australia o Canadá, pero no a Jimmy y Geraldine Doherty. Jimmy era una especie de celebridad en Strabane. En los sesenta jugó en el Derry City, la escuadra de los católicos en el condado de Londonderry, y fue uno de los primeros futbolistas en firmar un contrato profesional. Adrian fue el segundo hijo de la pareja —su hermano Garreth había nacido en 1971— y los primeros años de su vida transcurrieron como suele transcurrir la infancia de un niño que ama jugar al futbol y odia perder, pero el trasfondo donde ocurrían todos esos partidos y juegos distaba de ser normal. En la Strabane de los setenta no era necesario ser sindicado como posible miembro del IRA para que tu casa sea registrada por los soldados. Adrian, Garreth y sus amigos se acostumbraron rápidamente a ser interrogados por las fuerzas inglesas, que les pedían que mostraran sus bolsillos y se descalzaran para ver si ocultaban algo. También aprendieron a leer las señales, a alejarse de los coches sin conductores y sospechosamente aparcados en las cercanías de edificios concurridos y a huir en la dirección contraria de los enmascarados que caminaban sigilosos por los callejones.

Como su padre antes que ellos, los hermanos Doherty eran muy buenos jugadores de fútbol y rápidamente se hicieron un nombre en el colegio primario St Mary's Boys, en especial el más pequeños, que sorprendía a todos con su gran velocidad y habilidad. A medida que se corría la voz sobre su talento en el patio de la escuela, los chicos más grandes lo invitaban constantemente para que se les uniera en el equipo escolar, pero Adrian se mostraba dubitativo. Primero que nada, porque no quería dejar de jugar con sus amigos de clase, pero también por su naturaleza tímida y un poco retraída. Finalmente, entre su padre, su hermano y sus amigos, lograron convencerlo para que aceptara sumarse a los *teams* de la escuela y a los pocos partidos quedó claro que él era la gran estrella del equipo. Pero no solo en el *field* se destacaba el joven. A contra mano de lo que sucede con algunos chicos que se olvidan de la parte académica cuando vislumbran un futuro en fútbol profesional, Doherty era buen alumno y tenía un gusto por las novelas fantásticas y de ciencia ficción. También practicó por un tiempo judo, atraído por el aspecto espiritual de este arte marcial.

Para el verano de 1985, la música ya formaba una parte importante de la vida del muchacho. A los 12 años había descubierto a The Police y a Michael Jackson, a la vez que comenzaba a tocar sus primeros acordes en la guitarra, pero nada lo prepararía para la sorpresa que les tenía preparada Jimmy Doherty a sus hijos mayores —la familia se había agrandado y ahora estaban también su hermana Ciara y el nuevo bebe, Peter—. El 1 de junio, en el mítico Slane Castle de Irlanda, los Doherty fueron testigos de lo que muchos consideran uno de los mejores conciertos en la historia de la isla. Frente a 80 000 personas, Bruce Springsteen y su E Street Band presentaron *Born in the USA* y el joven quedó prendado de la música para siempre. Pronto descubrió a Bob Dylan y su fanatismo por el músico de Duluth no tardó en mutar en obsesión. Para ese entonces, Adrian también ya formaba parte de las inferiores del Derry City —por los *troubles* el club se vio obligado a abandonar la liga norirlandesa en 1971 y recién en 1984 pudo incorporarse en la liga de Irlanda donde fueron mejor recibidos— y, pese a tener solo 14 años, era considerado el mejor proyecto del equipo. Aun así, su promisorio futuro como jugador de fútbol no era lo que más lo desvelaba. A medida que se iba metiendo en el mundo de la música, más facetas de su persona iba descubriendo. Comenzó a leer y escribir poesía, pero también se interesó en teología, política y filosofía. Muchos de sus compañeros en las inferiores del Manchester United aún recuerdan las repisas llenas de libros que tenía Doherty en su habitación.

Su primer acercamiento a las grandes ligas lo tuvo en 1985 cuando, en la previa de un amistoso entre el Derry City y el Nottingham Forest de Brian Clough, las juveniles del club norirlandés se enfrentaron contra el Home Farm, un combinado juvenil de Dublín. Ese día, Derry ganó 2 a 0 y Doherty fue la gran figura de su equipo marcando los dos goles. Tan bien jugó el muchacho que el *match* entre el primer equipo del Derry City y el Nottingham pasó a un segundo plano. Todos hablaban de él. Lo más curioso de todo era que, hasta ese momento al menos, el compromiso de Adrian con el fútbol terminaba una vez que finalizaba el partido. Al parecer, el chico tomaba con naturalidad su propio talento, aun cuando el resto quedaba maravillado con lo que podía hacer.

Cierta vez, un grupo de soldados ingleses que patrullaba el barrio quedó tan hipnotizado con su forma de jugar que dejaron sus tareas y se pusieron a patear el balón con el muchacho.

Como era de esperarse, más temprano que tarde se corrió la voz sobre lo que muchos ya se animaban a catalogar como "la mejor aparición de Irlanda del Norte desde George Best" y los reclutadores comenzaron a dejarse ver por la casa de la familia Doherty. Su primer *trial* fue en el Forest, donde impresionó a todos, pero, unas semanas más tarde, el Arsenal tocó a la puerta del muchacho y lo invitó a pasar dos semanas en su academia. Allí, Adrian no solo participó de varios partidos contra escuadras juveniles, sino que se dio el lujo —junto a otros chicos— de comer con el equipo de primera y asistir a dos encuentros —contra Charlton y Newcastle—. A su retorno a Strabane, todo parecía indicar que firmaría con los *gunners*. Pero el diablo metió la cola.

Al igual que su padre, Adrian y su hermano eran fanáticos del Manchester United. Jimmy solía contarles a sus hijos sobre los Busby Babes, aquellos juveniles que irrumpieron en primer equipo del United de la mano del entrenador Matt Busby y que marcaron una época hasta que, en 1958, la terrible tragedia aérea de Múnich terminó con la vida de ocho de ellos. Roger Bryne, Eddie Colman, Mark Jones, Duncan Edwards, Liam Whelan, Tommy Taylor, David Pegg y Geoff Bent fueron las víctimas fatales de este accidente aéreo que involucró al vuelo que trasladaba al equipo tras eliminar al Estrella Roja de Belgrado. También les hablaba sobre el gran George Best, el alocado ídolo norirlandés que formó, junto a Denis Law y Bobby Charlton, la Santísima Trinidad del United y que en los setenta ya se dedicaba más a la fiesta que a patear el balón.

El culpable de que Adrian se uniera al United fue Matt Bradley, vecino de Strabane y relacionado al fútbol juvenil local. Fanático del Manchester, Bradley se tomó el atrevimiento de escribirle una carta a Sir Alex Ferguson para contarle sobre las habilidades del muchacho y pedirle que lo viera cuanto antes porque el Arsenal ya le había hecho un ofrecimiento formal a la familia. Así consiguió que el *scout* que el club tenía destinado en Irlanda del Norte viajara a Strabane para verlo en acción. Solo bastaron diez minutos. Días más tarde, Doherty y otros dos muchachos locales partieron hacia Mánchester para realizar una prueba en *The Cliff*, la academia que el club posee en Salford. Ya desde la primera sesión, los entrenadores de las juveniles decidieron que querían tenerlo en sus filas a toda costa. Unos días más tarde, el propio Ferguson llamó a los padres de Adrian para comunicarles la buena nueva. Su familia y su comunidad estaban tan extasiadas por la noticia que incluso llegó a los diarios locales, pero el joven aspirante de futbolista seguía mostrándose demasiado relajado con respecto a su carrera y más preocupado por la música.

Aun así, pese a su relación ambivalente con el fútbol, su talento natural se imponía. Tras poco menos de un año en *The Cliff*, ya era señalado por todos como uno de los grandes proyectos de la cantera y hasta incluso Alex Ferguson hablaba maravillas de él en los *fanzines* del club. Tan bien considerado estaba que comenzó a ser citado por las selecciones juveniles norirlandesas pese a que su familia era católica —aunque nadie lo admitiera, los jugadores católicos tenían muy pocas oportunidades de llegar a los equipos nacionales en ese momento—. A cualquier otro, tantos elogios lo hubiesen mareado, pero Adrian era distinto. Sus compañeros del United lo recuerdan como un muchacho solitario, pero no introvertido. Mientras los demás disfrutaban de jugar a ser superestrellas y se pavoneaban frente a las chicas con sus ropas de entrenamiento, él se la pasaba con el Walkman puesto, escuchando a Dylan, o leyendo libros de poesía o filosofía. Nadie lo molestaba. Todos entendían que esa era su forma de ser y lo respetaban no solo por ser un buen tipo, sino por su gran talento como jugador. Ahora bien, no hay que confundir su actitud un tanto desganada hacia todo lo que rodeaba al fútbol. Realmente amaba este deporte y se frustraba cuando quedaba preso de esquemas defensivos o de un juego basado solo en el rigor físico. Ese amor por el típico estilo brasileño de *jogo bonito* —el cual adquirió viendo al Brasil que participó en la Copa del Mundo España 1982— fue lo que lo llevó a plantarse frente al DT de las juveniles de Irlanda del Norte y decirle que no quería jugar más en su equipo debido a los planteos mezquinos que utilizaba. Fue también en esos años en los que brillaba en la cantera del United cuando cumplió su máximo sueño: poder ver a Bob Dylan tocando en vivo. El 3 y 4 de junio de 1989, el músico norteamericano dio dos conciertos en la ciudad de Dublín, tras un compás de espera de 23 años —su última visita había sido en 1966 y en esa oportunidad Jimmy Doherty estaba entre el público—. Adrian estuvo en los dos recitales —en la segunda noche Bono de U2 subió al escenario para *Knockin' on heaven's door* y *Maggie's farm*— y quedó maravillado, no solo con Dylan, sino también con la atmósfera de los *shows*.

***

La clase del 92 fue un grupo de juveniles del Manchester United que estuvo integrado por varios jugadores que, años más tarde, serían parte fundamental del equipo con el que Alex Ferguson conquistó Inglaterra, Europa y el mundo. David Beckham, Nicky Butt, Ryan Giggs, los hermanos Phil y Gary Neville y Paul Scholes fueron parte fundamental del *team* que ganó la FA Youth Cup 1992 y, casi a la par, todos llegarían al primer equipo y serían reconocidos por los hinchas. También había otros jugadores que, sin lograr transformarse en ídolos del club, tuvieron prolíficas carreras como por ejemplo el portero australiano Mark Bosnich, el mediocampista Robbie Savage o el defensa John O'Keane. Adrian Doherty también debería haber estado ahí, pero el destino a veces nos deja en *off-side*. Al igual que muchos otros grandes proyectos que quedaron en el camino, una infortunada lesión —rotura de ligamentos cruzados— marcó el principio del fin de su incipiente carrera. Fue el 23 de febrero de 1991, en un partido de reserva ante el Carlisle United y a tan solo una semana de su posible debut como profesional ante el Everton. Ese fatídico día su rodilla lo traicionó. Aunque Adrian regresó a la actividad meses más tarde, lo cierto es que algo se había roto en él, y no solo físicamente.

Como solía decir el entrenador argentino Carlos Bianchi, los futbolistas se lesionan (casi siempre) en su mejor momento y a Doherty le pasó precisamente eso. Tan bien conceptuado estaba por Ferguson por esos días que, cuando el muchacho no había cumplido todavía los 17 años, el entrenador escocés le ofreció su primer contrato profesional de cinco años de duración. Cualquier otro chico no dudaría un segundo en aceptar la propuesta, pero este no era un chico cualquiera. Para sorpresa del mánager, Adrian se plantó y rechazó la oferta aduciendo —casi premonitoriamente— que no quería atar su futuro al club por tanto tiempo y prefería firmar por un año solamente. Ante todo, era un espíritu libre. Finalmente, jugador y entrenador llegaron a un acuerdo y Adrian firmó por tres temporadas. Años más tarde, el ayudante de Ferguson y *coach* de la academia, Eric Harrison, recordaría que, a diferencia de los otros muchachos, era imposible saber cuál era la motivación del norirlandés. A muchos de los aprendices que estuvieron bajo su tutela los motivaba el deseo de la gloria deportiva, a otros era el miedo al fracaso y en algunos casos era solo la simple búsqueda de fama y dinero. Con Doherty en cambio, todos tenían la sensación de que si su carrera como jugador quedaba truncada, el simplemente seguiría adelante y volcaría todas sus energías hacia su otra pasión. Quizás lo que mejor escenifique esta cualidad de su personalidad sea el hecho de que, en los días en los que el primer equipo jugaba de local, él prefería regalar el *ticket* que recibía por ser futbolista de inferiores e irse a tocar la guitarra y cantar canciones de Bob Dylan en las calles. No es que no le importaba su carrera —a fin de cuentas, se esforzaba en todos los entrenamientos y acataba las órdenes de sus entrenadores—, pero también le importaban otras cosas. Eso sí, debido a que tanto él como Ryan Giggs eran señalados por todos como los mejores proyectos del club —y jugaban en posiciones similares—, se estableció una especie de competición amigable entre ambos reclutas de la academia. Los lunes por la mañana, era usual que Eric Harrison pusiera a los chicos a hacer *sprints* uno contra otro y todos esperaban con ansias el duelo entre Doherty y Giggs. A cada lado del recorrido, sus compañeros alentaban a los competidores y hacían apuestas sobre quien ganaría. A veces le tocaba a Ryan, otras era Adrian el triunfador.

El 23 de febrero de 1991, el equipo juvenil del United se enfrentaba a su contraparte del Carlisle por una nueva jornada de la Lancashire League. En las gradas, viendo el partido, estaba el propio Alex Ferguson, quien, ante un primer equipo plagado de lesionados y con varios partidos por disputar en el futuro más próximo —entre los que se contaba un encuentro de Copa de Campeones frente al Montpellier de Francia—, miraba con atención lo que hacían los juveniles, en especial Doherty, que ya tenía un lugar asegurado en el banquillo para el próximo encuentro ante el Everton. Ese fatídico día, en una colisión que *a priori* no parecía tan complicada, los ligamentos de su rodilla derecha se rompieron, y con ellos también sus sueños de ser futbolista profesional.

Con el paso de los años, muchos acusaron al equipo médico del club de no haber tratado correctamente una lesión que, aun a principios de los noventa, era casi un certificado de defunción para cualquier carrera deportiva. La verdad sea dicha, el *staff* médico del United era considerado uno de los mejores de Inglaterra, pero en ese momento estaban cortos de personal, como casi todos los equipos de la liga. Aunque resulte poco creíble, aun en 1991 no había una comprensión completa de los cuidados que necesita un jugador de elite. Ante una enfermería plagada de pacientes, no era extraño que los futbolistas de primera recibieran más atención que los chicos de la academia.

Pese a que el muchacho sentía que su rodilla no estaba bien, los médicos del plantel y facultativos por fuera del club conclu-

yeron que no hacía falta operarlo. Como el día en el que se produjo la lesión el futbolista salió caminando, no se le hizo ninguna resonancia —en ese tiempo solo se hacía en casos que denotaban una gravedad considerable— por lo que los especialistas trabajaban con un diagnostico incorrecto del problema. Dos meses y medio después de producirse la lesión, Doherty estaba de vuelta en el campo de juego disputando un torneo amistoso de juveniles en Zúrich. En poco más de 24 horas, Adrian jugó cuatro minipartidos y, aunque su equipo llegó a la final, el muchacho sentía que no debía estar en el *field*. Para colmo, tras este torneo fue obligado por el club a viajar a como parte de la delegación que disputó un encuentro amistoso frente a la selección de Trinidad y Tobago.

Tras este viaje, todos los chicos que sobrevivían al corte de final de temporada volvían a sus casas para las vacaciones y así también lo hizo Adrian. En Strabane, el muchacho hizo su debut musical en un *pub* local casi de casualidad cuando la banda de un amigo suyo se quedó sin grupo soporte y Doherty se ofreció a tocar algunas canciones junto a otro muchacho llamado Gerard Mullan. El dúo improvisado fue presentado como The Drunken Louts [Los Patanes Borrachos] y tocó un puñado de temas escritos en apenas unos minutos. Aunque el todavía futbolista del Manchester United se lo tomó como una broma —la única vez que se puso serio fue cuando cantó *Knockin' on Heaven's Door* de su amado Bob Dylan— la experiencia fue algo muy importante para él y lo impulsó a escribir canciones y poemas, algo en lo que ya venía incursionando tímidamente. Pese a que el equipo médico del club le había dado una serie de ejercicios para realizar durante las vacaciones, cuando el muchacho retornó a los entrenamientos el dolor en su rodilla derecha persistía. Para el mes de septiembre, Doherty fue sometido a una artroscopía, pero ya era tarde. Se había perdido demasiado tiempo y el *staff* del United seguía sin recomendar intervenir al jugador bajo la excusa de que eso pondría en serio riesgo la continuidad de su carrera. Su retorno a las canchas fue desastroso. Todos los que lo vieron jugar antes de su lesión coincidían que Doherty ya no era el mismo, que había perdido velocidad y que hasta su forma de correr había cambiado. El muchacho también lo sentía. En febrero de 1992, un año después de su primera lesión en la rodilla derecha, Adrian Doherty fue intervenido quirúrgicamente por un cirujano de Belfast. Aun así, el pronóstico no era el mejor y no se sabía a ciencia cierta si podría retomar su carrera donde la dejó.

Para cualquier otro joven, ese período de recuperación y la sensación de que todo por lo que había luchado se le escurría de las manos podrían haber sido demoledoras en términos de autoestima, pero para Doc Doherty significó uno de los momentos más prolíficos como autor. Es cierto que el muchacho tenía la certeza interna de que sus días como futbolista estaban contados y eso lo entristecía, pero en esos momentos donde solo podía hacer kinesiología, el chico de Irlanda del Norte escribió muchas canciones y poemas en donde se reflejaban algunos de sus sentimientos más sombríos —*Desolación*, *Una historia de olvido* y *Alma perdida* fueron algunos de los títulos de sus escritos—. También aprovechó el tiempo libre para seguir instruyéndose y leía con avidez libros de metafísica, El Corán, el Dante y los relatos de Edgar Allan Poe. Por esa época, además, y quizás como una manera de evadirse de su situación particular, Adrian comenzó a tener una vida nocturna mucho más activa, saliendo de juerga con una frecuencia que no era bien vista dentro de su club. Y fue justo en esta etapa de su vida donde su faceta musical terminó de florecer. El muchacho comenzó a actuar en solitario bajo el seudónimo de McHillbilly y también junto a su amigo Leo Cussons en un dúo llamado Mad Hatters. Estas series de actuaciones en *pubs* de micrófono abierto fueron teniendo un impacto positivo en su estado de ánimo. Casi como intuyendo lo que le sucedería unos meses más tarde cuando quedara libre del Manchester United, en mayo de 1992 Adrian se pidió licencia en el club y se marchó durante una temporada a Nueva York para perseguir su nuevo sueño: grabar un disco. El viaje fue organizado casi de manera repentina, tanto es así que el muchacho de 19 años dio aviso a sus padres cuando ya estaba en Manhattan. Su idea era tocar unos cuantos *shows* en East Village —donde viviría junto con Leo Cussons— y conocer la escena musical neoyorkina de la que tanto había leído. Cussons —quien sería una de las principales voces en el libro *Forever young: The story of Adrian Doherty, football's lost genius* que escribió el periodista Oliver Kay— aseguró que en esas semanas que pasaron vagando por Greenwich Village, East Village y el Soho fueron las mejores de la vida de Adrian. Se la pasaron tocando en bares de micrófono abierto que se encontraron, pero también en las calles. Entraron en contacto con muchos artistas locales y se volvieron habitúes de cuanta fiesta había en las calles. Eso sí, aunque Adrian consumía bastante alcohol cada vez que salía de parranda, se negaba a tocar cualquier tipo de droga, desde las recreativas hasta las más peligrosas. Quizás mantenía una vaga esperanza de volver a su vida de futbolista, o simplemente no era su onda. Aunque sus dotes de cantante y

guitarrista eran más bien modestas, todos lo recuerdan como un gran compositor y letrista. Uno de ellos es *Paleface* (Carapálida), un artista que fue medianamente conocido en el circuito neoyorkino y que fue uno de los primeros impulsores de la carrera de su compañero de habitación, Beck. Finalmente, a finales de junio, Adrian retornó a Inglaterra para reintegrarse al Manchester United. Aunque él y Leo Cussons no consiguieron un contrato discográfico —el objetivo principal del viaje— se lo pasaron de puta madre intentándolo.

Otra vez en *The Cliff*, Adrian continuó con su rehabilitación, pero ya no ocupaba el lugar de privilegio como la máxima promesa del club. Para ese entonces Ryan Giggs era un habitual en Primera División —el galés asegura que fue la lesión de Doherty lo que le permitió colarse en el primer equipo— y una nueva camada de jugadores juveniles encabezada por David Beckham y Paul Scholes ya habían hecho su presentación en la escuadra dirigida por Alex Ferguson. A dos años de su primera lesión, el futbolista no había logrado una recuperación plena y no podía extender su pierna completamente, algo que lo limitaba a la hora de correr y patear el balón. Aunque siempre se caracterizó por tener un agudo sentido del humor, y aún en esos días negros parecía no haberlo perdido, algunas pistas sobre su real estado de ánimo estaban en las letras de sus canciones. En *Alma perdida*, la primera línea no dejaba dudas: "Me falta la chispa sagrada, busco en la oscuridad". Finalmente, y después de unas cuantas apariciones deslucidas en los equipos juveniles, cerca del final de la temporada 1992/93, el United le anunció que no le renovaría el contrato.

De vuelta en Irlanda del Norte, el Derry City lo persuadió para que se calzara las botas una vez más. Aunque la prensa local de Strabane hizo hincapié en el contraste de su carrera con la de Ryan Giggs —para ese momento ya era titular en el XI inicial del Manchester— la emoción se apoderó de todos en la región. Y el propio Adrian se sentía extasiado ante la posibilidad de poder revivir su carrera. Pero esa sensación se esfumó rápidamente. Pese a tener su rodilla destrozada, el talento natural de Adrian lo hizo destacarse y hasta incluso marcó un gol en su partido debut, aunque en él persistía la sensación de que sus días como futbolista habían terminado. Su rodilla derecha le seguía doliendo y, lo que es peor, se había quedado vacío. No encontraba motivación alguna para ponerse los botines. Después de su tercer encuentro, la otrora futura estrella del Manchester United le dijo a sus compañeros del Derry: "Estoy cansado de esto. Solo quiero tocar la guitarra y divertirme". El fútbol ya no le daba alegrías, solo dolor. Y así fue. Sin una estruendosa ovación, sin siquiera una placa conmemorativa, Adrian Doherty se retiró en silencio del fútbol.

¿Cómo fue su vida tras colgar los botines? La de un bohemio. Trabajó en una fábrica de chocolates y como botones en un hotel. Vivió aquí y allá. Mientras él se ganaba la vida como podía (y quería), muchos de sus excompañeros se afianzaban en el primer equipo del United y conformaban una de las mejores escuadras en la historia de la Premier League. También siguió dedicándose a la música, tocando sus canciones en cada modesto escenario que le abría sus puertas. En cuanto a sus días como jugador, los amigos de Adrian sabían que ese era un tema tabú. Solo en una oportunidad, poco después de dejar el Derry, Adrian se abrió al respecto con un amigo suyo y confesó su frustración porque el equipo médico del Manchester no supo diagnosticar correctamente su lesión.

***

El 7 de mayo del año 2000, un joven fue encontrado flotando en los canales de la ciudad de La Haya, Países Bajos. El hombre, que no tenía documentación y estaba inconsciente, fue llevado raudamente al hospital Westeinde, donde se comprobó que padecía severos daños cerebrales debido a la falta de oxígeno. Los médicos repararon en un detalle curioso: su rodilla derecha estaba surcada de cicatrices. Ese muchacho era Adrian Doherty. Días más tarde, la policía neerlandesa logró identificarlo y dio aviso a su familia. Aunque su estado era crítico, sus padres y sus hermanos aun guardaban la mínima esperanza de que se recuperara.

El antiguo aprendiz de futbolista había llegado a la tierra de *La Naranja Mecánica* un tiempo antes, por medio de una agencia de empleos que contrataba trabajadores por temporada. Las investigaciones policiales nunca fueron concluyentes en cuanto a la causa de su accidente en uno de los canales, pero, tras permanecer sumergido en las aguas por un largo rato, su cuerpo emergió y fue encontrado. La falta de oxígeno en su cerebro le produjo un daño neurológico irreparable y por varios días lo único que lo mantuvo con vida fue la asistencia mecánica. El 9 de junio, rodeado por sus hermanos Gareth y Ciara, el maltrecho cuerpo de Adrian Doherty dijo basta. Le faltaba un día para cumplir 27 años.

CAPÍTULO 3

ALLES AUS LIEBE

En Alemania, ser hincha de un equipo chico representa un acto de rebeldía en sí mismo. En una liga en donde el Bayern Múnich prácticamente monopoliza la competición local desde hace décadas —solo el Borussia Dortmund pudo desafiar su dominio en los últimos años con el bicampeonato en las temporadas 2010/11 y 2011/12—, y los fanáticos del Leverkusen o el Wolfsburgo se resignan a jugar por entrar en la Champions League o, por qué no, dar el batacazo y ganar la Copa de Alemania, alentar a un cuadro como el Fortuna Düsseldorf es un verdadero acto de amor. Aquellos que juraron fidelidad al Fortunen saben que ya no pueden permitirse soñar con títulos. Sus días en las gradas son difíciles y la relegación siempre es más una certeza que una posibilidad.

Actualmente en Segunda División, el equipo de la región del Rin-Ruhr obtuvo su único campeonato de liga en 1933, pero, sin duda, su momento más glorioso ocurrió a finales de los setenta y principios de los ochenta cuando conquistó, de manera consecutiva, dos Copas de Alemania —la última, ganada al Colonia de Harald Schumacher, Bernd Schuster y Pierre Littbarski— y llegó a la final de la Recopa de la UEFA 1979. Con el delantero Klaus Allofs como máxima figura —sería compañero de ataque de Karl-Heinz Rummenigge en la final de la Copa del Mundo México 1986— y el mediocampista Gerd Zewe como estandarte (más de 440 partidos en el club), el Fortuna cayó gallardamente 4 a 3 frente al FC Barcelona en un partido que se decidió en el tiempo extra y en el cual los alemanes remontaron el marcador en tres oportunidades. Durante esos días, era impensado que descendiera de la Bundesliga. Era un club estable económicamente, que se nutría constantemente de una cantera local prolífica y que, pese a no ganar el título de liga, siempre estaba en la conversación. Pero todo cambió en los ochenta. A mediados de la década, los de Dussëldorf comenzaron a experimentar los avatares de un fútbol cada vez más desparejo y en 1987 cayeron a segunda. En ese momento se inició una época muy difícil para el Fortuna, la cual tuvo su punto más bajo a principios del nuevo milenio cuando descendió hasta la Oberliga, la cuarta categoría de Alemania. Curiosamente, el mismo año en el que el club cayó a segunda, Die Toten Hosen llegaba por primera vez a los *charts* alemanes con su álbum *Die roten rosen*" [Las rosas rojas], un disco con versiones punks de clásicos de los cincuenta y sesenta, que fue grabado por pura diversión y que, sorprendentemente, los hizo conocidos por fuera del circuito punk alemán.

Los Hosen nacieron a finales de 1981 cuando dos exmiembros de una banda llamada ZK se juntaron y decidieron armar una nueva formación junto a otros músicos. Estos eran Andreas *Campino* Frege en la voz, Andreas *Andi* Meurer en el bajo, Michael *Breiti* Breitkopf y Andreas *Kuddel* von Host como guitarristas y el baterista Klaus-Peter *Trini* Trimpop. Por esos días, estos pibes de Dussëldorf no eran más que cinco chicos que apenas sabían tocar sus instrumentos y que disfrutaban de estar inmersos en el ambiente del *rock* local. Se subían a cualquier escenario que les abriera las puertas y se conformaban con cerveza gratis como única retribución. Otro punto en común que tenían todos era su fanatismo por el fútbol y su amor incondicional al Fortuna.

Campino, compositor y líder de la banda, había quedado prendado del *rock* a los 13 años después de presenciar un *show* en Londres junto a sus abuelos maternos. Rápidamente enterró sus sueños de ser futbolista —él mismo declararía años más tarde que no era muy bueno— y se metió de lleno en su nueva afición. Primero se hizo fanático de Deep Purple y Black Sabbath hasta que su hermano mayor, John, lo introdujo en el punk y desde ese momento todo cambio. Los Ramones en Estados Unidos y un poco más tarde los Sex Pistols en el Reino Unido, eran la expresión de una nueva generación de jóvenes desencantados con el mundo posguerra de Vietnam. Atrás habían quedado los días del *rock & roll* de Chuck Berry, el escandaloso meneo de pelvis de Elvis, las geniales tonadas pop de los primeros Beatles, el *surfer rock* de los Beach Boys y el *flower power* de finales de los sesenta y principios de los setenta. Ahora los chicos se enfrentaban a un mundo al que no le quedaba un ápice de inocencia y donde un sonido más agresivo y duro se transformaría en el *soundtrack* de su época. Aunque todos los artistas antes nombrados tuvieron su cuota de influencia en este nuevo estilo, el punk era, en cierta forma, una manera más primitiva de hacer música. No había que ser virtuoso para tocarlo —en sus comienzos, muchas bandas punks eran realmente malas técnicamente hablando—, solo hacerlo con actitud y con el corazón. Las canciones, al ser de corta duración, debían ser directas, sin metáforas rebuscadas y con un mensaje fácil de entender, pero no necesariamente simple. En Los Ramones, por ejemplo, la temática del desamor siempre está presente, pero también hay letras que hablan de la depresión, de la presión que ejercen los mayores, del tortuoso paso a la adultez en un mundo donde el capitalismo hace rato ya no muestra su cara más amigable y hasta de la censura. En el caso de los *Pistols* la música directamente era solo una excusa para desatar la anarquía y el caos.

El primero *show* de Frege como músico fue junto a una banda de amigos en el colegio secundario al que asistía, lo que transformó inmediatamente en una celebridad entre sus compañeros, entre otras cosas, porque era el único punk de su escuela. Su incipiente fama, a la que se le agregaron las obvias leyendas de drogas y alcohol, llegaron a oídos de los padres de los otros chicos, los cuales pidieron que Campino fuera expulsado inmediatamente. Fue en esa institución donde se hizo amigo de Breiti, quien luego se volvió su compañero en ZK y en Die Toten Hosen.

En sus primeros recitales, los Hosen apenas sí podían juntar un puñado de personas, muchos de los cuales eran borrachos, pero rápidamente fueron ganando un nombre, entre otras cosas, debido a que sus presentaciones eran una celebración al caos. Al principio, la banda contaba con un sexto miembro conocido como Walter November, quien subía a tocar con su guitarra desenchufada —dejó la banda al poco tiempo debido a su adicción a las drogas y luego se hizo Testigo de Jehová—. En 1983 lanzaron *Opel-gang*, su primer álbum, el cual ellos mismos financiaron con el dinero obtenido en distintos trabajos temporales y mal pagados. Con este LP, su base de fanáticos en el circuito local creció considerablemente y eso atrajo la atención de la discográfica EMI, con la que firmaron ese mismo año. A partir de ese punto, su carrera comenzó a despegar. En 1984 realizaron su segundo disco -—*Unter falscher flagge*— y fueron convocados por el famoso DJ de la BBC, John Peel, para grabar una sesión radial de cinco canciones para su *show*.

Mientras los Hosen consolidaban su (caótico) camino al estrellato, el Fortuna coqueteaba con la tragedia. Entre 1983 y 1986, el equipo se salvó del descenso en tres ocasiones y en todas ellas apenas por un pelo (en temporada 1984/85 conservó la categoría solo por la diferencia de gol). Finalmente, lo que todos temían ocurrió en la Bundesliga 1986/87 cuando terminó anteúltimo y se fue a segunda junto al FC Homburg y el Blau-Weiß 1890 Berlín. Fue precisamente en esa hora de angustia para todos los hinchas cuando Campino y sus compañeros comenzaron a tener un rol activo dentro del club. Como primera medida, en 1988 los Hosen decidieron destinar a las arcas del club un marco por cada entrada vendida en la larga gira de presentación de su disco *Ein kleines bisschen horrorschau*, uno de sus trabajos más aclamados. En total fueron 56 conciertos y el dinero recaudado le permitió al Fortunen comprar la ficha del defensa de la selección ghanesa, Anthony Baffoe, quien rápidamente se transformó en un favorito de la hinchada y jugó en buen nivel durante varias temporadas.

Mientras la banda seguía de gira y el Fortuna se pelaba el culo en el duro ascenso alemán en búsqueda del tan mentado ascenso a la Bundesliga —lo lograría en la temporada 1988/89—, la realidad cambiante de su país se les vino encima. La crisis económica y política en Alemania Oriental se había agudizado en los últimos años y cada vez eran más los que se animaba a cruzar el Muro de Berlín, aun bajo riesgo de caer en las manos de la temible Stasi, la policía secreta de la Alemania comunista. A mediados de 1989, un evento organizado por grupos pacifistas y que fue conocido como el "picnic pan-europeo" posibilitó la apertura de la frontera entre Austria y Hungría. Ese fue el inicio de una serie de acontecimientos que culminarían en octubre con la renuncia del histórico secretario general del Partido Socialista Alemán, Erich Honecker. Finalmente, el 9 de noviembre, el muro que dividía a la ciudad de Berlín desde 1961 comenzó a ser derrumbado por miles de ciudadanos de uno y otro lado. Pese al temor de otros líderes europeos —la primera ministra inglesa, Margaret Thatcher, le pidió a la Unión Soviética que evitara a toda costa la caída de Alemania Oriental y el presidente francés, François Mitterrand, advertía que una Alemania unificada tendría más poder que el que dispuso Adolf Hitler— el proceso de unificación entre el Este y el Oeste había comenzado. Las calles de todas las ciudades alemanas eran una fiesta y a ella se sumaron los Hosen. Este acontecimiento tan trascendental para su nación encontró a la banda tocando en París, pero, al ver las noticias, raudamente volvieron a casa para unirse a las celebraciones. Al poco tiempo, emprendieron una gira poco común tocando en los clubes de Alemania Oriental y viajando en bicicleta. En la temporada de la caída del Muro, el Fortuna no tuvo problemas para mantenerse en primera, pero para 1992 la escuadra otra vez cayó a Segunda División, donde estuvo hasta 1995, cuando otra vez volvió a la Bundesliga. Pero su estancia fue corta y al año siguiente ya estaban nuevamente en el ascenso.

La pasión de la banda por el fútbol no solo se restringía a su club. Durante la Copa del Mundo de Italia 1990 viajaron a tierras italianas como corresponsales del periódico TAZ y realizaron varias entrevistas. Entre otros partidos, los Hosen estuvieron en Nápoles el día que la Argentina eliminó a los locales.

Si Campino y sus compañeros habían sido de gran ayuda para el club a finales de los ochenta, una década más tarde alcanzaron el rango de salvadores. Como si se tratara de una broma del destino, mientras que a la banda le iba cada vez mejor, al Fortuna le iba cada vez peor. El nuevo milenio encontró al equipo de sus amores en una situación paupérrima, jugando en la tercera categoría y con una cuantiosa deuda de ocho millones de marcos alemanes, producto de la mala administración de los directivos y los recientes fracasos deportivos. Con el cuadro en tercera, Die Toten Hosen consiguió que la cervecería Dievels aportara de manera indirecta dos millones de marcos a las arcas del club. El trato fue que la empresa patrocinaría los recitales de la banda —algo que ocurrió solo esa vez— y los Hosen donaban ese dinero al Fortuna. Además, ellos mismo se transformaron en *main sponsor* de su camiseta de manera gratuita, la cual lució el célebre logo de la banda. El acuerdo entre la banda y el club fue un golazo en términos de *marketing,* ya que en dos años Fortuna Düsseldorf vendió más de 30 000 camisetas, un número solo superado por el Bayern Múnich. Sin embargo, las buenas noticias para las arcas de la institución no tenían su réplica en el campo de juego y, en 2002, el Fortunen cayó a Cuarta División.

Esto supuso un golpe muy fuerte para la ciudad, pero otra vez los Hosen se cargaron al hombro la responsabilidad de despertar a todo Düsseldorf y comprometer a los hinchas para que se involucraran en el día a día del club. Muchos señalan a ese llamamiento público de Campino como la piedra fundacional de una nueva etapa del club, la cual culminó con su retorno a primera en 2012. Aunque al año siguiente estaban otra vez en la segunda categoría, nunca más el equipo volvió a pasar una época tan negra como la que sufrió a principios del 2000. De hecho, en la

temporada 2017/18 tuvieron otra incursión en la Bundesliga, la cual duró hasta el 2021.Todo lo hecho por la banda para ayudar al club de sus amores les ha ganado el respeto y afecto de la mayoría de los hinchas alemanes, pero hay una excepción. El Bayern Múnich tiene un especial encono con Die Toten Hosen, un sentimiento que claramente es mutuo. En el año 2000, la agrupación editó *Unsterblich*, su octavo álbum de estudio. Uno de los sencillos promocionales fue "Bayern", una canción dedicada al club más exitoso del país y en la que, como era de esperarse, Campino no escatima en dardos para con los bávaros:

"No abriré mi puerta / porque a mí no se me ocurriría / con gente como la del Bayern / ensuciar mi personalidad (dañar mi carácter) / Solo quería dejarlo claro / para que nos entandamos bien / no tengo nada contra Múnich / solo no iría al Bayern".

Obviamente, el lanzamiento de esta canción suscitó una gran polémica que los medios de comunicación exprimieron a más no poder. En Alemania, atacar al Bayern Múnich es como atacar al Canciller, con la excepción de que, en el caso del club, la defensa a ultranza de los medios es total. Los noticiarios se llenaron de imágenes de jugadores e hinchas del club tirando los discos de la banda a la basura, y el mismísimo Franz Beckenbauer calificó a los Hosen de la peor manera: "Son la mierda de la sociedad que tarde o temprano va a morir".

Pese al gran tamaño de su enemigo, Campino no se achicó y elevó la apuesta al denunciar que el Bayern Múnich transformó a la Bundesliga en un *shopping*:

> "Cuando hicimos esa canción, nos enfrentamos a ese inmenso poder sin imaginar la locura que íbamos a desatar incluso fuera del círculo de fanáticos del Bayern. Pero de alguna forma quisimos expresar la frustración que sentimos los equipos chicos ante ese mismo poder con el que es imposible competir".

Nada más *punk-rock* que enfrentarse al poder real.

CAPÍTULO 4

EL LOCO DUBOIS

Una patada en las bolas del *establishment*. Así define a Darío Dubois una las tantas notas escritas sobre su figura que abundan en internet. Al igual que sucede con personajes como el Trinche Carlovich, los cuales trascendieron los confines del fútbol humilde para ganarse un lugar de privilegio en el imaginario del hincha, este futbolista es recordado por aquellos que lo vieron jugar, pero también por miles que conocieron su particular historia años más tarde. Quiso el cruel destino que, al igual que Trinche, su vida terminara por culpa de un hecho de inseguridad que nunca fue del todo esclarecido. En la madrugada del 2 de marzo de 2008, el exjugador de Ferrocarril Midland, Yupanqui y Atlético Lugano, entre otros, fue emboscado por dos individuos en la localidad de Villegas (La Matanza), frente al barrio Puerta de Hierro. Los agresores no eran simples rateros y las investigaciones posteriores relacionaron el asesinato con una venganza de carácter personal. El Loco, que en ningún momento ofreció resistencia y entregó todas sus pertenencias, recibió dos balazos, uno en el abdomen y otro en una de sus piernas. Asistido por los vecinos del lugar, fue derivado rápidamente al Hospital Paroissien, donde lo sometieron a varias intervenciones quirúrgicas para intentar salvarle la vida —llegando incluso a extirparle un pedazo de pulmón y 20 centímetros de intestino delgado—, pero todo fue en vano. El 18 de marzo, con tan solo 37 años y después de pelearla por dos semanas, su cuerpo dijo basta. El día en que murió, nació su leyenda.

La historia de Darío podría haber sido como la de cualquier otro obrero del ascenso profundo que debe hacer malabares para coordinar la pasión con la necesidad de trabajar de otra cosa durante los días de semana, un nombre más en la estadística de miles de jugadores que han pasado por las categorías menores del fútbol argentino. Pero él era especial, no solo por las excentricidades en la cancha, sino también por esa especie de código de honor que rigió su corta vida. El Loco fue un espíritu libre dentro de un mundo del fútbol al que él consideraba demasiado careta. En una de las tantas entrevistas que dio, no tuvo miedo de contar que salía con una chica trans ni tampoco se indignó cuando se le preguntó sobre su sexualidad: "Yo sé que esto molesta porque el ambiente del fútbol es muy fascista: pelito corto y bien empilchaditos, y yo soy metalero, pelo largo, croto, con cadenas y tachas. Pero yo digo la verdad y no tengo problemas en admitir que salía con una travesti".

Defensor en el campo de juego y también fuera del mismo, siempre luchó contra las injusticias que veía a diario a su alrededor y no tuvo pelos en la lengua para denunciar con nombre y apellido a cuanto dirigente se quiso pasar de vivo. Por ejemplo, en 2003 acusó al por entonces presidente del club Juventud Unida de San Miguel, Juan José Castro, de intentar sobornarlo a él y a sus compañeros para que se dejaran perder. En otra ocasión, cuando jugaba en Lugano, llegó a tapar la publicidad de su camiseta con cinta adhesiva negra porque el patrocinador había incumplido un acuerdo que tenía con los jugadores de darle 40 pesos por partido ganado. Quizás el hecho más resonante en este aspecto ocurrió durante un partido ante Excursionistas en el Bajo Belgrano, cuando fue expulsado. En el momento en el cual el árbitro iba a sacarle la tarjeta roja, sin darse cuenta, se le cayó del bolsillo un fajo de dinero de 1500 pesos, una suma más que importante a finales de los noventa. Al ver el rollito de plata que no podía ser otra cosa que un soborno, Dubois se zambulló de cabeza para agarrar el fajo y comenzó a correr por toda la cancha, siendo perseguido por la terna arbitral, los jugadores y el cuerpo técnico de Excursio y unos cuantos policías. En la manga, el defensor finalmente devolvió el dinero bajo amenaza de una suspensión de veinte partidos.

Aunque solo militó en las categorías más bajas, tuvo una carrera más que digna. Debutó en 1994 jugando para Yupanqui para luego pasar por Lugano (1995/97 y 2001), Midland (1998/99 y 2001/02), Deportivo Riestra (1999/00), Laferrere (2000), Cañuelas (2001) y Victoriano Arenas (2002/05), jugando un total de 146 partidos y anotando 13 goles. Aunque no era habilidoso, quienes lo vieron en acción lo recuerdan como un *player* que daba todo en el campo de juego y que tenía, además, un muy buen cabeza-

zo. En cada plantel que integró fue un referente del vestuario y un tipo muy querido por sus compañeros y sus entrenadores. Le valoraban su buena onda pero, sobre todo, su vocación para defender a los compañeros y colegas. Cada vez que pudo, ya sea en medios de alcance nacional o en los más pequeños, reclamó por mejores condiciones laborales para los futbolistas de la C y la D.

Fanático del *rock* y el *heavy metal*, todos los días, hiciera frio o calor, parecía recién salido de un recital de V8 o Malón. Alto y de gran portento, usaba el pelo largo, barba y solía llegar a los entrenamientos y los partidos vistiendo una gabardina negra, anteojos de sol —alguna vez se los puso durante un partido porque el sol le molestaba la vista— y una cadena con una cruz dada vuelta. Curiosamente, esa imagen de metalero típica era solo una parte de su identidad. Dubois hablaba suave, con tranquilidad y era sumamente inteligente. Reverenciaba al Che Guevara, pero era un pacifista. A contramano de lo que muchos malpensados podrían juzgar solo por su forma de vestir y sus gustos musicales, El Loco no consumía drogas, no fumaba ni tomaba alcohol y se entrenaba con dedicación. De hecho, alguna vez confesó que solo jugaba profesionalmente porque disfrutaba de la parte física del deporte y porque, con los pocos pesos que ganaba, podía solventar su gran pasión: la música.

Durante su corta vida fue miembro de varias bandas, entre ellas un tributo a Vox Dei en la que tocaba con otros jugadores del ascenso y Crash, un grupo integrado por amigos suyos de toda la vida. Pese a que sus gustos musicales eran bien definidos —*rock* y *heavy metal*, con predilección por los grupos de *black metal* escandinavo— Dubois también incursionó en el género tropical como bajista de una agrupación de cumbia llamado Corré Guachín. Ya retirado, el mismo explicó en una entrevista las razones de su participación en ese proyecto específico: "Me cabe toda la música, mezclo cumbia con *rock*, con *heavy metal*, *reggae* y el *soul*. Todo es bienvenido".

Curiosamente, fue su amor por el metal nórdico lo que lo inspiró a pintarse la cara para jugar al fútbol, un hecho que lo hizo conocido no solo en Argentina, sino en gran parte de América Latina. La primera vez fue jugando para Midland y fue nada menos que ante el clásico rival, Argentino de Merlo. Cuando el recio defensa pisó el *field* pintado al mejor estilo de los Kiss, la hinchada enloqueció con esta rareza, aunque su homenaje nada tenía que ver con la banda de Gene Simmons y Paul Stanley, sino con uno de sus grupos favoritos, los noruegos Dimmu Borgir. Formada a

principios de los noventa en la ciudad de Oslo, esta agrupación —cuyo nombre hace referencia a Dimmu Borgir, un área en el norte de Islandia donde, según las leyendas, se encuentra la puerta de ingreso al infierno— es uno de los conjuntos de *black metal* más exitosos del género.

Tras el partido, la prensa comenzó a buscar al futbolista para preguntarle el porqué de su rostro pintado y su respuesta fue acorde a lo que se podría esperar de un "loco lindo". En una entrevista para el Diario Olé, Darío confesó que lo hacía para darse energías para la batalla: "Lo hago porque me da polenta, te pintás y salís a guerrear, los mato a los rivales. Incluso algunos se asustan. Mis compañeros se cagan de la risa". Con esta declaración, uno podría imaginar que este defensor tenía en su mesita de luz una colección de fémures de delanteros rivales, pero, curiosamente, en esa temporada en particular apenas vio 4 tarjetas amarillas en 22 encuentros. Jugar con todo no implicaba ser desleal.

En total fueron 14 partidos en los que Dubois pudo salir a la cancha con el rostro pintado. Pese a que no había ninguna reglamentación interna que le impidiera hacerlo —él mismo había estudiado el reglamento para asegurarse de que eso era cierto— la Asociación del Fútbol Argentino (AFA) no veía con buenos ojos que un ignoto defensor del *deep* ascenso jugara vestido de satanistas y, de paso, denunciara las injusticias de un sistema en el que los jugadores de la C y la D eran prácticamente olvidados. Finalmente, la asociación presidida por Julio Humberto Grondona actualizó ese año el reglamento para eliminar de cuajo la posibilidad de pintarse la cara.

Pese a que en Midland aun lo recuerdan con muchísimo cariñó, Dubois también tuvo algunos cruces con los dirigentes del club y el entrenador de turno debido a sus excentricidades. En una oportunidad, su grupo homenaje a Vox Dei debía tocar en la plaza 25 de Mayo de Merlo un día de semana por la tarde. Teóricamente, nada impedía que Darío pudiera tocar ese día, ya que el plantel se entrenaba de 14 a 16 horas. De hecho, muchos de sus compañeros también irían al concierto para hacerle el aguante a su defensor. Los directivos de Midland, preocupados porque los *players* pudieran emborracharse en el recital, decidieron, de común acuerdo con el entrenador, atrasar la práctica unas cuantas horas. Pese a esta jugarreta, Dubois se las arregló para concurrir a la sesión y tocar el bajo con su grupo. Eso sí, como llegó con lo justo, hizo el *show* entero en ropa de entrenamiento y con los botines puestos.

A mediados de 2005, una rotura de ligamentos puso fin a su carrera de jugador. En ese momento militaba en Victoriano Arenas y el club no se mostraba dispuesto a pagar la operación del futbolista, pese a que él tenía intenciones de seguir activo un tiempo más. Después de muchas idas y vueltas, el Loco Dubois finalmente decidió colgar los botines. A partir de ese momento comenzó a dedicarse *full time* a la música, a veces tocando y otras tantas trabajando como sonidista. Pocos días antes del ataque que le produjo la muerte, Darío había firmado un contrato para trabajar de sonidista de Attaque 77. Hoy vive en el recuerdo de miles de fanáticos.

CAPÍTULO 5

"EL WATFORD ME SALVÓ LA VIDA"

El 19 de mayo de 1984, en el mítico estadio de Wembley, Everton y Watford se enfrentaron en la final de la FA Cup 1983/84. Para el cuadro de Liverpool, esta era su octava definición de copa —hasta ese entonces había conquistado el trofeo en tres oportunidades (1906, 1933 y 1966)— mientras que los *hornets* llegaban a esta instancia por primera vez en su historia. Una emoción sin precedentes embargaba a los miles de hinchas amarillos que hicieron el viaje desde la pequeña ciudad homónima hasta cosmopolita Londres sintiendo al fin que tantos años de sufrimiento, jugando en las categorías menores del fútbol inglés, finalmente eran recompensados. El *miracle worker* detrás de este equipo era el entrenador Graham Taylor, quien tomó las riendas en 1977, cuando Watford militaba en la Cuarta División. En ese momento, Taylor era un joven mánager de 32 años que había conseguido un relativo éxito dirigiendo al Lincoln City —después de tres temporadas lo había llevado a hasta la Tercera División— y que ya era observado desde cerca por varios equipos de la Primera División. ¿Qué fue entonces lo que inclinó la balanza para que este DT, con un venturoso futuro por delante, eligiera a un club que malvivía en la cuarta categoría en vez de optar por un cuadro de mayor prestigio? Ese factor decisivo fue una estrella de *rock* que atravesaba el peor momento de su vida en cuanto a la adicción a las drogas y el alcohol, pero que con el fútbol encontró el pretexto para no autodestruirse.

Para muchos, el nombre de Reginald Kenneth Dwight quizás no despierte curiosidad alguna, pero, sin duda, todos conocen a Elton Hércules John, uno de los artistas más grandes de todos los tiempos y forofo apasionado del Watford FC. Para Sir Elton, su amor por los *hornets* había sido quizás el único lazo verdadero que alguna vez tuvo con su padre, Stanley. Oficial de la Royal Air Force, Stanley Dwight era el producto típico de una época en donde cualquier demostración de cariño por parte de un hombre era considerado signo de debilidad. Con su hijo Reggie solo se permitía un "enhorabuena" y una paternal mano en el hombro cuando lo veía en el piano familiar tocando alguna pieza de música clásica, algo que solo duró hasta que el muchacho se interesó en la música de Elvis Presley, Little Richards o Jerry Lee Lewis. Quizás el único momento donde el estricto Stanley daba rienda suelta a sus emociones más profundas era en el estadio Vicarage Road, viendo a los muchachos de amarillo. Como todo habitante de Watford, el padre de Elton John era fiel seguidor del equipo local, una pasión que transmitió también a su hijo. La primera vez que Elton fue al estadio, y que él mismo rememora en su autobiografía, fue a los 6 años, cuando el equipo malvivía en algo llamado la Tercera División Sur, la categoría más baja del fútbol inglés. Por esos días, el estadio del Watford era apenas un recinto obsoleto que contaban con dos tribunas techadas muy pequeñas y que también se utilizaba como canódromo. Aunque a veces suele renegar en tono jocoso de que podría haberse ahorrado unos cuantos dolores de cabeza, el amor de Elton por su club no tiene límites y lo considera la única droga que no le ha hecho (demasiado) daño. De hecho, la mayoría de los recuerdos felices de su difícil infancia —un padre estricto y ausente y una madre joven, inexperta y a veces violenta— son junto a Stanley en Vicarage Road o en las gradas de Craven Cottage, donde sus primos, Roy Dwight y John Ashen, defendían los colores del Fulham. Estos profesionales fueron quizás los primeros ídolos del pequeño Elton que, si bien era un muchacho regordete, se defendía bastante bien a la hora de jugar a la pelota con sus amigos de la infancia. A la par de su amor por el *rock and roll* y la música, el muchacho se obsesionaba cada vez más con Watford y el fútbol en general. Las paredes de su habitación estaban repletas de fotos de jugadores y recortes de tablas de posiciones y estadísticas de las distintas divisionales inglesas. Incluso cuando ya había iniciado su carrera musical como alumno de la prestigiosa Royal Academy of Music, se escapaba por las tardes para ver al cuadro de sus amores.

***

El primer contacto de Elton John con la directiva del Watford llegó en un tiempo turbulento de su vida. Para 1974, ya era un artista consagrado a nivel internacional y disfrutaba las mieles

del éxito con *Goodbye yellow brick road*, su séptimo álbum de estudio que había sido editado en 1973 y que es considerado por los críticos como uno de los mejores trabajos de su carrera. También venia de colaborar con John Lennon en la grabación de *Walls and bridges*, uno de los discos solistas más exitosos del ex miembro de los Beatles, donde tocó el piano y cantó los coros en el single principal, "Whatever gets you through the night". Pero su vida personal era muy complicada. La tormentosa relación sentimental con John Reid, su histórico mánager, había terminado y el cantante se refugiaba en los excesos para olvidarlo. En sus propias palabras, tomaba cocaína y fumaba marihuana casi a diario y solía organizar fiestas que duraban días. Incluso, durante un viaje por Ámsterdam con su banda para ensayar su nuevo repertorio, se encontraron con Ringo Starr y todos terminaron tan drogados que el exbaterista de los Beatles le prometió que se uniría a su banda.

Pese a ser un vínculo tóxico, la relación con Reid era muy importante para Elton. No solo fue la primera persona con la que mantuvo algún tipo de intimidad sexual —hasta ese momento el músico no terminaba de aceptarse y el encuentro que ambos tuvieron durante fiesta en 1970 fue lo que lo hizo darse cuenta de quién era realmente—, sino que, además, fue uno de los hombres que lo llevó al éxito (además de su amigo y compañero compositor, Bernie Taupin). Ese mismo año, cuando ya el vínculo amoroso entre ambos había terminado, Reid siguió llevando los asuntos de su exnovio y negoció para él el mayor contrato discográfico firmado hasta ese entonces en Estados Unidos: 40 millones de dólares, además del 28% de los *royalties*.

El éxito comercial, sin embargo, no lograba curar su dañado corazón. Enamoradizo por naturaleza, Elton buscaba afecto en cuanto hombre se le cruzara por el camino. Algunos de ellos eran heterosexuales y rechazaban sus avances, dejándolo aún más roto. Pero lo peor sucedía con aquellos que sí lo aceptaban. Por un tiempo todo parecía ir bien, pero eventualmente el músico se daba cuenta de que solo lo usaban para darse la buena vida al lado de una estrella del *rock* y terminaba recayendo en una espiral de excesos. Todo parecía un sinsentido absoluto, salvo por su amado Watford.

Quien lo alertó sobre el difícil momento del club de sus amores fue un periodista local que también compartía su pasión por los *hornets*. Elton seguía al corriente de todo lo que sucedía con su cuadro y cada vez que podía se daba una vuelta por el estadio

para ver los partidos desde *the bend*, la misma grada que ocupaba desde que era niño. Poco había cambiado desde aquellos días en los que se escapaba de la Royal Academy of Music los días que Watford jugaba de local. El equipo continuaba hundido sin remedio en el fondo de las categorías de ascenso y las deudas no paraban de crecer. El club no tenía dinero en sus arcas y los fanáticos habían perdido toda esperanza. Elton decidió llamar a los miembros de la directiva y les propuso dar un concierto a beneficio en Vicarage Road. A cambio, los dirigentes le ofrecieron la chance de comprar una parte del club y transformarse en vicepresidente.

El 5 de mayo, miles de personas compraron el simbólico boleto de una libra —dinero que fue donado enteramente al club— para ver una velada musical que se promocionaba como "Elton John y Amigos". La jornada abrió con Nazareth —una banda de *hard rock* escocesa que alcanzó cierto éxito con una canción llamada *Hair of the dog* y que años más tarde sería versionada por Guns & Roses— pero el plato fuerte fueron Elton, vestido de abeja en honor a la mascota de su club y su gran amigo Rod Stewart, quien se unió al cantante en *Country confort* y los *covers Angel*, de Jimmy Hendrix, y *Sweet little rock & roller*, de Chuck Berry. Cuando vio el estadio del Watford por primera vez, Stewart soltó una carcajada y le preguntó no sin malicia a su amigo "¿Vos que carajos sabes de fútbol, Elton? Estás loco por meterte en este lio. Si tuvieras un poco de idea sobre fútbol, seguro no serías hincha de este equipo de mierda". Como contaría el propio músico en su autobiografía, Elton mandó a la mierda a su querido Rod, pero no podía evitar darle algo de razón.

Pese a la presencia del famoso músico en la comisión directiva, al Watford las cosas le seguían saliendo muy mal. Después de un campeonato en el que terminó en un respetable séptimo lugar, en la temporada 1974/75 los *hornets* firmaron un año para el olvido —terminaron en el anteúltimo lugar con solo 7 victorias, 11 empates y 22 derrotas— y cayeron a la Cuarta División del fútbol inglés. Fue durante esos días, más precisamente en 1976, en el que Elton decidió comprarle la totalidad de las acciones del club al dueño Jim Bonser y asumir él mismo como presidente de la institución. Para el músico, el club significaba algo más que un simple equipo de fútbol. El Watford era lo único que podía reconocer de aquel pasado en el que Elton John no existía y un muchacho llamado Reginald Dwight iba a Vicarage Road todos los fines de semanas. La vida como presidente del *team* no era fácil, pero si divertida. Pese a ser un artista de renombre internacional, nadie le rendía pleitesía. Cada vez que viajaba a los partidos de visitante, se transformaba en el objetivo de todos los insultos por parte de las hinchadas rivales. Si bien su familia, su círculo íntimo y muchos colegas de la industria musical sabían sobre su orientación sexual desde hacía bastante tiempo, recién ese mismo año se animó a hablar abiertamente sobre quién era, y lo hizo en una entrevista exclusiva que dio para la revista *Rolling Stone*, donde admitió ser bisexual, pero sin dar demasiados detalles. Como era de esperarse, cada vez que lo veían en un estadio los hinchas de los equipos rivales le cantaban cosas como "No te sientes cuando Elton está cerca, o te meterá la p... por el culo" u otras canciones homofóbicas. Lejos de sentirse escandalizado, el músico disfrutaba de todo ese clima alejado de la adulación barata que le regalaban los chupamedias de siempre. Cada vez que le cantaban algo con respecto a su sexualidad, él se levanta de su grada y saludaba sonriendo.

Casi a la par, y para horror de John Reid que veía como su representado tiraba una fortuna en una causa que consideraba un error financiero, también se involucró en el L.A. Aztecs de la North American Soccer League (NASL), la competición antecesora de la Major League Soccer (MLS). En este caso, su presencia era más bien nominal —rara vez se le veía en las pocas concurridas tribunas del Orange Bowl—, aunque tuvo mucho que ver en el arribo al equipo del viejo astro del Manchester United, George Best. Por ese entonces en la NASL había varias franquicias que eran propiedad de estrellas de *rock* o gente vinculada al ambiente de la música. Por ejemplo, el Colorado Caribous, aquel equipo que sería recordado solo por su peculiar camiseta que parecía más un disfraz de payaso de rodeo que la casaca de un cuadro de fútbol profesional, era propiedad de James William Guercio, un conocido guitarrista de sesión que grabó con Frank Zappa y que, después de descubrir, producir y representar por varios años a la banda Chicago, creó Caribou Ranch, un mítico estudio de grabación a los pies de las Montañas Rocosas en donde grabaron Elton John, Supertramp, Billy Joel, Rod Stewart, Carol King y Earth, Wind and Fire, entre otros artistas. Otros que tuvieron una participación activa en la liga de *soccer* norteamericana fueron el tecladista de Yes, Rick Wakeman, el guitarrista Peter Frampton y Paul Simon, del dúo Simon & Garfunkel. Este ilustre trio fue propietario del Philadelphia Fury, un efímero equipo que solo duró tres temporadas en la competición (1978 – 1980).

Pero volamos al Watford. Una de las primeras decisiones de Elton como presidente fue la de designar a Graham Taylor como nuevo mánager del club. Quien recomendó su contratación no fue otro que el gran Don Revie, por ese entonces mánager de Inglaterra y antiguo director técnico del Leeds United, equipo con el que marcó una época durante los sesenta y los setenta (ganó dos ligas, la FA Cup, la Copa de Liga y la extinta Copa de Ferias en dos oportunidades, imponiendo un estilo de juego táctico y bien al límite del reglamento). Taylor llegaba para reemplazar a Mike Keen, un antiguo y muy querido jugador del club que desde 1973 se sentaba en el banquillo, pero que no había logrado gran cosa y en ese momento mantenía una relación tirante con uno de los jugadores importantes de la plantilla, el delantero Ross Jenkins.

El impacto del nuevo entrenador fue positivo desde el principio. Si bien hubo una limpieza, algunos futbolistas que estuvieron en el ciclo anterior, como Keith Mercer, Alan Mayes, Bobby Downes y el propio Jenkins se mantuvieron en el club. Este último recuperó la titularidad y pagó con muchos goles la confianza puesta en él. Además, Taylor se trajo consigo a Sam Ellis, un veterano defensor que ya le había dado frutos en su etapa en Lincoln y que se transformó en su nuevo capitán del Watford —también sería su ayudante de campo cuando tomó las riendas de la selección nacional inglesa después de la Copa del Mundo 1990— y a Ian Bolton, un futbolista del Birmingham que se volvió una pieza importante en el andamiaje del *team* —además de futuro capitán— y que el propio Taylor consideró como el mejor fichaje realizado en toda su carrera como mánager. La frutilla del postre fue la aparición de un joven delantero que estaba llamado a hacer historia como el primer jugador de piel negra en vestir la camiseta de Inglaterra: Luther Blisset. De ascendencia jamaiquina, Luther ya había tenido su debut en el primer equipo en la temporada anterior, pero fue Graham Taylor quien le dio vuelo a su talento y lo pulió como si fuera un diamante en bruto. Ya en su primer campeonato bajo las órdenes de Taylor, Blisset disputó 33 encuentros y marcó 6 goles, y con los años se transformaría en el goleador histórico del equipo. Watford finalizó la temporada 1976/77 como campeón de la Cuarta División, con partidos realmente impresionantes como las goleadas 5 a 2 frente al Crewe Alexandra y el 6 a 0 ante el Doncaster Rovers. Pero ese solo sería el comienzo. Con Graham Taylor en el banquillo y Elton John en el sillón de presidente, Watford tuvo un ascenso meteórico en la estructura del fútbol inglés. En solo cinco años, este club que malvivía en la última categoría profesional, que debía jugar contra rivales menores como el Stockport County y lo hacía en un marco que apenas superaba los 2000 espectadores, pasó a enfrentarse de igual a igual ante los grandes equipos como Liverpool, Manchester United, Leeds o Arsenal. En Tercera División jugó solo la temporada 1978/79 y terminó el campeonato apenas un punto por detrás del Shrewsbury Town, eventual campeón de la divisional, pero aun así logró el ascenso a Segunda División. Allí estuvo hasta mediados de 1982, cuando consiguió el ascenso a la máxima categoría por primera vez en la historia del club.

La relación entre el mánager y el excéntrico presidente era muy buena. Elton conectó de inmediato con él, entre otras cosas porque su manera de ser directa le recordaba a Bernie Taupin, su gran amigo y socio compositor a lo largo de toda su exitosa carrera —además, los dos eran de Lincolnshire—. Taylor trataba con respeto al músico y valoraba sus opiniones, pero no le rendía ningún tipo de pleitesía. De hecho, no tenía problemas en mandarlo al demonio cuando sentía que su jefe se desviaba del camino o se extralimitaba en sus funciones. Incluso llegó a echarlo del estadio cuando Elton acudió al partido del Boxing Day con una resaca terrible después de una noche de alcohol y cocaína. Tanta fe tenía el músico en su empleado, que no dudó en cumplir con todos y cada uno de sus pedidos, aun cuando John Reid se oponía vehemente a que su cliente y expareja dilapidara su fortuna en un equipo de fútbol. Durante ese período, Vicarage Road dejó de utilizarse como canódromo y se construyeron nuevas gradas. Elton hasta intentó, sin éxito, conseguir que el ayuntamiento le autorizara construir un nuevo estadio en las afueras de la ciudad. Lo del músico no era una inversión en búsqueda de ganancias. Lo suyo era un acto de amor puro y desmesurado, solo como él sabía hacerlo. ¿Y cómo hacía Elton para seguir al equipo cuando estaba de gira en el extranjero? Simple, llamaba a las oficinas del club y pedían que le pongan el teléfono pegado a una radio para escuchar el partido. Su banda rápidamente se acostumbró a escuchar los gritos de gol o insultos a los árbitros que provenían de su camerino.

Cualquiera diría que, con esos logros, los hinchas del Watford y el propio Elton John estarían satisfechos, pero el destino les tenía guardado más momentos de gloria. En su primera temporada en la máxima categoría, los Hornets sorprendieron a propios y extraños y finalizaron como subcampeones del Liverpool. Para ese entonces, Luther Blisset ya se había transformado en pieza fundamental —esa temporada marcó 33 goles y se ganó la chance de jugar en el AC Milan—, pero no estaba solo. Otro joven de piel morena y de ascendencia jamaiquina llamado John Barnes había llegado el año anterior procedente del Sudbury Court, un club *amateur* de Middlesex, a cambio de un juego nuevo de camisetas para el humilde equipo y rápidamente se ganó un lugar en el XI titular. Como extremo por la izquierda, Barnes contribuyó en la campaña de ascenso con 12 goles y ya en Primera División se transformó en uno de los futbolistas sensación del balompié inglés. Sus actuaciones llamaron tanto la atención que Bobby Robson, entrenador de la selección nacional, lo convocó en 1983 con tan solo 20 años —terminaría llevándolo a las Copas de Mundo 1986 y 1990—.El segundo lugar en la temporada 1982/83 le permitió al Watford jugar copas internacionales por primera vez en su historia, más precisamente la Copa UEFA 1983/84. En el segundo trofeo de mayor importancia en el continente, el equipo de Graham Taylor llegó hasta la tercera ronda, en donde cayó categóricamente por un global de 7 a 2 ante el Sparta Praga de República Checa.

El punto más alto de ese ascenso meteórico en la pirámide del fútbol inglés llegó con la final de la FA Cup en 1984, el torneo de clubes más antiguo y prestigioso de Inglaterra. Mientras su equipo caminaba junto al Everton hacia el *field* y la banda tocaba *Abide with me*, el tradicional himno de la copa, Elton John realmente tomó conciencia de lo mucho que había logrado dirigiendo los destinos del club de sus amores. Para la historia quedó la imagen de su rostro envuelto en lágrimas de emoción y felicidad por lo que estaba por vivir. La derrota 2 a 0 ante el Everton no empañó la alegría por el camino recorrido, pero sí dejó al presidente con la certeza de que nada podría superar ese momento. A partir de allí, todo sería mucho más difícil. Si bien Elton y Graham Taylor permanecieron en sus puestos durante algunas temporadas más, en el futuro los esperaban otros desafíos. Taylor dejó el equipo en 1987 para fichar con el Aston Villa, uno de los cuadros más importantes de Inglaterra que había caído a Segunda División tan solo cinco años después de haber ganado la Copa de Europa. Sir Elton contrató como su reemplazo a Dave Bassett, pero las cosas no resultaron como todos esperaban. El equipo solo consiguió 4 victorias en 23 partidos y Bassett fue despedido. Incluso la química entre el nuevo entrenador y el presidente no era tan buena como lo había sido con Taylor, aunque tampoco ayudó mucho que el club le haya vendido a John Barnes al Liverpool. El descenso de los *hornets* a la segunda categoría ese mismo año marcó también el final de Elton John como propietario y presidente del *team*. Ese mismo año le vendió las acciones del club a Jack Petchey, un empresario que había amasado su fortuna gracias a la venta de autos y que a finales de los setenta se desempeñó como director del West Ham.

Los caminos de Elton, Taylor y el Watford se separaron por siete largos años. En ese tiempo, el músico rompió su matrimonio con Renate Blauel, una ingeniera de sonido alemana que había conocido en 1984 y de la que creyó haberse enamorado —aunque se había confesado bisexual en aquella entrevista con *Rolling Stone* unos años antes, aún no había aceptado totalmente quien era en realidad—, se puso sobrio y siguió siendo uno de los artistas más vendidos del mundo y fue incluido en el Salón de la Fama del Rock & Roll. Por su parte, Graham Taylor llevó de nuevo al Aston Villa a la máxima categoría y se ganó la posibilidad de entrenar a la selección de Inglaterra tras el exitoso ciclo de Bobby Robson en México 1986 e Italia 1990. Sin embargo, el desempeño del equipo bajo su tutela no fue el mejor, quedando eliminado de la Eurocopa 1992 en fase de grupos y no pudiendo clasificar a la Copa del Mundo USA 1994, un golpe muy duro para toda la nación y que produjo su renuncia inmediata. Tras dejar que sanaran las heridas, Taylor se hizo cargo del Wolverhampton Wanderers, pero solo duró en el cargo poco más de un año.

¿Y al Watford como le fue en esos años? Si bien los hinchas sabían que era muy difícil repetir lo hecho durante la pasada década, lo cierto es que nadie se esperaba que la cosa fuera tan mal. Tras perder la categoría en la temporada 1987/88, los *hornets* permanecieron en segunda por varios años. Los noventa marcaron el inicio formal de la Premier League, en donde los clubes tomaron el control de todos los aspectos de la competición y comenzaron un proceso de modernización no solo de infraestructura, sino también del esquema de negocios que imperaba hasta ese momento en el fútbol inglés. En ese contexto, la supervivencia se hacía cada vez más difícil y, para 1996, un Watford en crisis descendió a la Tercera División. Fue en ese momento de incertidumbre y profunda tristeza en el que Elton John y Graham Taylor volvieron al club. El primero compró la mayor parte del paquete accionario y se calzó nuevamente el traje de presidente, mientras que Taylor inicialmente asumió como director deportivo, pero no tardó en sentarse otra vez en el banquillo del equipo. Aunque fue solo por un rato, los tiempos felices volvieron a Vicarage Road. Para la Temporada 1999/00, el equipo había retornado a la Premier League y comenzaba a recuperarse económicamente y, aunque solo duraron un año en la máxima categoría, los hinchas sabían que no volverían a vivir tiempos oscuros como los de antaño. En 2002, tanto Elton como Taylor dejaron otra vez el club,

aunque siguieron colaborando desde las sombras. / El amor por el Watford era demasiado grande como para que ambos no siguieran ayudando -solían llamarse después de cada partido para comentar como había jugado el equipo— y hasta incluso Taylor retornó a la institución una última vez en 2009, aunque ahora como miembro de la junta directiva, un cargo que ocupó hasta el día de su muerte en enero de 2017.

Por su parte, Sir Elton John fue nombrado presidente honorífico y una de las tribunas del estadio fue bautizada en su honor el 13 de diciembre de 2014. Ese día, el cual es descrito por el músico como uno de los más felices de su vida, concurrió al estadio junto a su esposo, David Furnish, y sus dos hijos, Zachary y Elijah. Mucho había cambiado desde aquel lejano 1974, cuando el músico comenzó a colaborar con el club de sus amores. En esos años de descontrol, depresión, abuso de drogas, negocios ruinosos, relaciones rápidas y sin sentido, en el estadio del Watford fue el único lugar donde realmente se sintió querido. En su autobiografía, Elton asegura que, en esa etapa de su vida, su estado de embriagues fue tal que no recuerda mucho de lo que hizo durante los ochenta, pero lo que sí tiene en su mente fresco y con lujo de detalles son todos y cada uno de los partidos que su equipo disputó con él en las gradas. No en vano asegura cada vez que puede que el Watford le salvó la vida.

CAPÍTULO 6

CANIGGIA NO TOCÓ CON POISON (PERO DEBERÍA HABERLO HECHO)

Durante muchos años, en internet circuló el extraño rumor de que Claudio Paul Caniggia tocó la batería con Poison durante un concierto realizado en la ciudad de Boston, en plena Copa del Mundo USA 1994. Cuenta la leyenda que mientras el resto de sus compañeros descansaba en el Babson College —el lugar de concentración elegido por la Asociación de Fútbol Argentino (AFA) para ese Mundial—, el Hijo del Viento estaba en un VIP escuchando a una de sus bandas favoritas. Al ser reconocido por el propio Bret Michaels, cantante y líder del popular grupo de *hard rock*, este fue invitado a subir al escenario para sentarse detrás del bombo y tocar *Nothin' but a good time* y *Talk dirty to me*. Aunque no había ningún registro de este acontecimiento, la mayoría de los internautas nunca puso en duda la veracidad de este rumor, pero, como suele suceder con esas historias que son demasiado buenas para ser verdad, hace unos años el propio Caniggia lo desmintió en redes sociales: "Nunca toqué con Poison, no sé quién se inventó eso. No toco la batería".

Ahora bien, que Claudio Paul nos haya roto la ilusión no quiere decir que no haya habido futbolistas que dieran el salto a los escenarios de manera exitosa. Algunos solo despuntaron el vicio tocando como invitados junto a alguna banda amiga, pero hubo casos en los que la pasión por el fútbol y por el *rock* iban a la par, llegando incluso a dejar sus carreras como jugadores para enfocarse completamente en su faceta musical. Uno de estos fue Alexi Lalas. Con casi dos metros de altura, una larga cabellera colorada y una chiva diabólica, Panayotis Alexander Lalas se volvió un ícono en la Copa del Mundo 1994 por derecho propio. No es que se tratara de un futbolista destacado —recién después de ese certamen consiguió su primer contrato profesional con el Padova de Italia—, pero esa imagen desalineada y roquera le iba como anillo al dedo en un momento en donde la cultura pop de Estados Unidos estaba atravesada por la Generación X. El surgimiento del *grunge* en la ciudad de Seattle y la aparición de festivales contraculturales como Lollapalooza —el verdadero, no esa imitación plástica y sin alma que Perry Farrell le vendió a los *centennials* de Sudamérica— eran la expresión de un cambio de época en Estados Unidos. Tras la fallida presidencia del demócrata Jimmy Carter, a partir 1981 sobrevino en EE.UU. un largo período republicano, en donde el conservadurismo rancio tuvo su mayor expresión, primero con Ronald Reagan (1981/1989) y más tarde George H. Bush (1989/1993). La caída del Muro de Berlín, el fin del mundo bipolar, la Guerra del Golfo y una sociedad capitalista abocada al consumo de cualquier porquería que salía por televisión produjeron una generación de jóvenes antisistema y descreídos de todos los beneficios que podría ofrecerles el mundo adulto (mirar la película *Reality bites* para más información). Lalas es un producto de esa generación. Nacido en la ciudad de Birmingham, Michigan, en 1970, el futuro defensor de la selección nacional recién se interesó por el fútbol a los 11 años, pero eso no impidió que se transformara en el mejor jugador de su *high school*. Ya en la Universidad de Rutgers —donde estudiaba historia del arte y daba rienda suelta a su pasión por la música tocando en bares y fiestas estudiantiles— Alexi se transformó en uno de los jugadores más destacados del campeonato de la NCAA y en 1992 integró el equipo olímpico que compitió en los Juegos Olímpicos Barcelona 92. Después de JJ.OO., el joven defensa *yankee* intentó probar suerte en la Premier League, pero unas semanas practicando con el primer equipo del Arsenal dejaron en evidencia que no tenía las condiciones necesarias para triunfar en el fútbol inglés.

De nuevo en su país, Lalas evaluó seriamente la posibilidad de dejar de jugar y retomar sus estudios en Rutgers, pero en ese momento apareció alguien tan extravagante como él: el gran Bora Milutinovic. El DT serbio había sido designado como nuevo entrenador del seleccionado nacional de Estados Unidos de cara a la Copa del Mundo 1994 y fue el encargado de convencer al defensa de seguir en activo pensando en el Mundial. Esa charla con Bora sería fundamental para el futuro de su carrera. Su participación en el máximo certamen de la FIFA y su transferencia al fútbol italiano le hizo ganar notoriedad pública y comenzó a ser invitado a programas populares como el de Jay Leno, David Letterman o Conan O'Brian. En cada uno de estos envíos, aparte de aleccionar al público norteamericano sobre un deporte que lentamente estaba penetrando en el gran público, cada vez que podía sacaba a relucir su amor por la música en general y por el *rock* en particular: "El fútbol es un trabajo para mí. Lo amo, pero yo llevo la música dentro; nací con ella". Cuando retornó a Estados Unidos para jugar en la primera temporada de la Major League Soccer, ya era toda una estrella.

Su primer club fue el New England Revolution, donde fue jugador franquicia y referente del vestuario. Su cara estaba en todos los pósteres y hasta se vendían figuras de acción de Lalas vestido con los colores de la selección nacional. Tras dos temporadas, él defensa tuvo un breve paso a préstamo en el Emelec de Ecuador. Cuentan algunos que durante esa época se podía ver al bueno de Alexi tocando la guitarra y fumando algún que otro cigarrillo de marihuana en el parque Centenario, una de las plazas más concurridas de la ciudad de Guayaquil. Tras esta experiencia en el fútbol sudamericano, Lalas fichó con el New York MetroStars, donde solo estuvo un año para luego pasar al Kanzas City Wizards. Su último club sería el LA Galaxy, en donde el defensa conquistó el único campeonato local de su palmarés (2002) y la Liga de Campeones de la Concacaf 2000. Finalmente, en 2003 colgó las botas de manera definitiva. En cuanto a su carrera como músico, Alexi disfrutó de cierta repercusión tiempo después de USA 1994. Con su banda *The Gypsies* [Los Gitanos] lanzó de manera autogestionada un disco en los meses previos del Mundial y llegó incluso a ser telonero durante las giras de Hootie and the Blowfish, una banda de Columbia, Carolina del Sur, que disfrutó de cierto éxito durante la segunda mitad de los noventa gracias a su exitoso álbum de 1994 *Cracked rear view.* El mayor éxito comercial del Alexi Lalas como músico fue en su etapa como solista. En 1998 lanzó al mercado su álbum *Ginger*, un disco con claras reminiscencias a Redd Kross, la banda de *power* – pop liderada por los hermanos Jeffs y Steve McDonald. Este fue su segundo álbum en solitario tras su debut en 1996 con *Far from home* y en él Lalas hace gala de un buen gusto para las melodías pegadizas, de esas que escuchamos hasta el hartazgo en películas como *American pie*, *Empire records* u otras cintas de comedia para adolescentes. Aunque tras su retiro siguió vinculado al mundo del fútbol como dirigente —fue General Manager del LA Galaxy cuando la franquicia del estado de California fichó a David Beckham— y como periodista, el bueno de Alexi sigue grabando música (en total registra ocho álbumes editados) y, cuando no está tirando bombas en la pantalla de Fox Sports, se sube al escenario para zapar un rato.

***

Quizás la trayectoria futbolística de James Allan no tuvo mucha trascendencia, pero sin duda es uno de los pocos *frontmen* del *rock* británico que puede darse el lujo de decir que tuvo una carrera como jugador y como músico. Entre 1997 y 2006, el cantante y guitarrista de Glasvegas disputó más 120 partidos como profesional en varios equipos del ascenso escocés al mismo tiempo que daba sus primeros pasos como músico. Nacido en 1979 en la ciudad de Glasgow —más precisamente en el distrito de Dalmarnock—, durante su infancia y primera adolescencia James solo se preocupaba por una cosa: la pelota. En una entrevista con la popular revista de música *News Musical Express* (NME), el cantante admitió que durante mucho tiempo consideró que tocar la guitarra era la actividad más aburrida del mundo: "Recuerdo a mi padrastro leyendo la NME en el estacionamiento y pensar que estaba loco por comprar un diario sobre música". Para Allan, el fútbol no solo era un divertimento, sino también un escape para una historia familiar un tanto complicada debido a la ausencia de su padre y las múltiples relaciones de su madre. Fanático del Celtic y de Diego Armando Maradona, empezó a jugar en el primer equipo del Falkirk FC con tan solo 17 años, pero allí apenas disputó dos partidos entre 1997 y 1999. A partir de ese momento comenzó un periplo por distintos cuadros del ascenso de su país con suerte dispar. Estuvo en el Cowdenbeath —fue parte del equipo que consiguió el ascenso a la Tercera División durante la temporada 2000/01— y luego fichó con el East Fife. Fue en 2003, durante su estancia en el Queen's Park —el club más viejo de Escocia—, que su carrera como músico comenzó a despegar. Ese año formó Glasvegas junto al guitarrista Rab Allan —que además era su primo—, el bajista Paul Donoghue y el baterista Ryan Ross y ya como formación establecida comenzaron a tocar en distintos *pubs* y locales de Glasgow. Curiosamente, a medida que el grupo se iba haciendo conocido en el ámbito del *rock indie* de la ciudad, su carrera como futbolista se estancó. Después de probar suerte en el Gretna, el Stirling Albion y el Dumbarton, en 2006 decidió colgar las botas de manera definitiva al ver que ya no tenía futuro como jugador:

"Un día, minutos antes de un show, mi entrenador en el Dumbarton me llamó al móvil para hablar. El mercado de fichajes estaba por cerrar y él quería hacer espacio para nuevos jugadores. Me sugirió que buscara otro equipo, pero yo no tenía ganas de entrar a un nuevo vestuario, de tener que pasar otra vez por el proceso de conocer a un nuevo grupo de compañeros. Cuando le dije que me quería quedar en el club, me dijo que no había problemas, pero que me mandaría a entrenar con los chicos de 13 años. No me dejó muchas alternativas".

Pero, como bien dice el dicho, cuando se cierra una puerta, se abre una ventana.

Tras colgar con su ahora exmánager, James Allan entró al King Tut's para dar un *show* junto a Glasvegas sin reparar que entre el público se encontraba el hombre que cambiaría su destino.

Oriundo también de Escocia, Alan McGee se hizo conocido en el negocio de la música durante los ochenta y principios de los noventa tras fundar Creation, un sello independiente que se transformó el más importante en ese rubro. Gracias a bandas como Primal Scream, The Jesus And Mary Chain, My Bloody Valentine y Teenage Fanclub —todas ellas precursoras de un movimiento musical y cultural que sería conocido en el Reino Unido y en el resto del mundo como *Brit-pop*— Creation pronto se volvió la compañía discográfica a la que cualquier joven músico deseaba pertenecer. Allí no solo había una gran libertad creativa para trabajar, sino que todos en el sello, y principalmente el propio fundador, llevaban un modo de vida descontrolado propio de las estrellas de *rock*. Ya habiendo hecho un nombre en el ambiente musical británico, McGee se transformó en leyenda cuando, en 1993, descubrió a un grupo originario de Mánchester, el cual estaba liderado por dos hermanos que se llevaban muy mal. Esos chicos eran Liam y Noel Gallagher y la banda era Oasis. Casualmente, la primera vez que Alan vio al grupo de los hermanos Gallagher fue en el King Tut's de Glasgow —habían acompañado a una banda amiga y amenazaron al dueño del local con romper todo si no los dejaba tocar—, mismo recinto en el que ahora descubría a Glasvegas. McGee fue clave para el éxito de la banda, llevándolos a tocar en el Death Disco de Londres y promocionándolos tanto allí como en Estados Unidos. A partir de ese momento, la agrupación escocesa comenzó a tocar en recintos cada vez más grandes y en festivales de renombre como el T in The Park. En 2008, James Allan y sus compañeros viajaron a la tierra del Tío Sam, más precisamente en la ciudad de Nueva York, para grabar su álbum debut. Tras el buen recibimiento en los *charts* del Reino Unido de los singles *Geralidine* y *Daddy's gone* le llegó el turno al disco homónimo. Y no decepcionó. *Glasvegas* tuvo una gran performance de ventas, quedando en segundo lugar solo detrás de *Death magnetic* de Metallica. Revistas especializadas como *News Musical Express*, Q o Mojo lo destacaron como uno de los mejores discos debut de década, casi a la altura de *Definitely maybe* de Oasis. De más está decir que el álbum estuvo incluido entre los mejores del año y la NME lo puso en tercer lugar. La prensa no solo destacaba el sonido *noise-pop* que se nutría de The Jesus and the Mary Chain y Velvet Underground, sino también las letras profundas de Allan, en las que hablaba sobre la violencia en las calles y cuestiones de índole social. En lo sucesivo tocaría temas incluso más delicados como su propia historia familiar o la homosexualidad.

El éxito en su faceta musical transformó a James Allan en una celebridad de la noche a la mañana, pero esto tuvo un costo. En 2009, el grupo era señalado como el futuro del *rock* británico y todos estaban a la expectativa de su segundo lanzamiento. En septiembre, la banda era uno de los principales grupos que tocaría en la entrega de los premios Mercury, uno de los principales galardones de la industria musical británica, pero debieron cancelar su tan promocionada aparición debido a que Allan se esfumó tras un *show* que Glasvegas dio en Italia y apareció cinco días más tarde. Según el propio músico, necesitaba un tiempo libre de todo y de todos. Aun así, la fama también tenía su lado positivo. Cuando se conoció su pasado como futbolista, comenzó a ser invitado a cuanto partido a beneficio se realizara en Escocia e Inglaterra, e incluso se dio el lujo de jugar en el Celtic Park vistiendo los colores del club de sus amores. Fue durante el partido homenaje a Stiliyan Petrov, un mediocampista búlgaro que se transformó en ídolo del Celtic y que debió dejar su carrera en 2013 —en ese momento jugaba en el Aston Villa— debido a que fue diagnosticado con leucemia. Esa tarde, Allan fue dirigido por el norirlandés Martin O'Neill, entrenador multicampeón con la escuadra escocesa y un ídolo personal del vocalista de Glasvegas.

***

Para algunos, involucrarse en el mundo del *rock* fue una forma de transitar el martirio de las lesiones. Quizás en su momento lo hicieron como una manera de distraerse, para pasar el rato entre las largas sesiones de rehabilitación, pero conforme fueron transcurriendo los días y la posibilidad del retiro prematuro se hizo cada vez más real, la música no solo ofreció sosiego, sino una carrera para el día después de colgar los botines. Tal es el caso del español Álvaro Benito, un prometedor mediocampista zurdo surgido en el Real Madrid que debió retirarse demasiado joven. Habiendo debutado junto a Raúl y Guti en 1995 bajo las órdenes de Jorge Valdano, en 1996, y con tan solo 20 años, el italiano Fabio Capello comenzó a darle minutos de juego y un rol cada vez más importante en un equipo que contaba con figuras de la talla de Predrag Mijatovic, Davor Suker, Roberto Carlos, Clarence Seedorf y Fernando Redondo. Por su velocidad, sus cambios de ritmo y sus amagues en la banda izquierda, todos le auguraban una trayectoria de *crack*, pero una gravísima lesión en la rodilla jugando para la selección sub-21 marcó el principio del fin para su carrera como futbolista. A partir de ese momento, comenzó una peregrinación por distintos quirófanos y centros de rehabilitación, sufriendo tres operaciones distintas y llegando incluso a tener que hacerse un trasplante de ligamento. Durante toda su rehabilitación, el Real Madrid no lo dejó solo y acompañó a su proyecto de *crack*, sin embargo, Álvaro no volvió a tener minutos en el primer equipo y debió bajar al equipo filial para poder jugar. Fue en esa etapa en los que se metió de lleno con la música. Si bien ya tocaba la guitarra, decidió comprarse una batería y juntarse a tocar versiones de temas de Green Day con su amigo y futbolista del Rayo Vallecano, Héctor Polo —quien también venía sufriendo por culpa de las lesiones—. En una entrevista con el diario *El País* cuando ya su carrera musical estaba plenamente establecida, Benito aseguró que, en ese momento, tocar por divertimento le permitió sobrellevar una época un tanto oscura, en donde salía poco de su casa y estaba frustrado por la incertidumbre. Si bien el Tenerife se interesó en él, una nueva rotura de ligamentos significó otro revés en su carrera del que no se pudo recuperar. En 2002 lo intentó por última vez en el Getafe —por ese entonces recién ascendido a Segunda División—, pero solo duró una temporada en el equipo y, para mediados de 2003, anunció su retiro definitivo con tan solo 26 años. Esto, sin duda, significó una frustración para el muchacho, pero ya en ese entonces su carrera musical comenzaba a despegar, por lo que no había tiempo para lamentaciones. Junto a Polo en la batería y el bajista Pablo Alonso Álvarez, ya había formado Pignoise, una banda de *punk-rock* entre cuyas influencias se contaban Green Day, Los Ramones, Blink-182 y The Offspring. Al principio, sus dos primeros trabajos —*Melodías desafinadas* (2003) y *Esto no es un disco de* punk (2005)— no tuvieron demasiada difusión en las radios y la crítica no los recibió de la mejor manera, pero una serie de televisión lo cambiaría todo. *Los hombres de Paco* fue ficción emitida desde 2005 por la señal Antena 3, la cual estuvo protagonizada por Paco Tous en el papel del inspector de policía Paco Miranda. Lo que comenzó siendo una telecomedia en donde se parodiaba al Cuerpo Nacional de Policía de España, con el tiempo fue mutando en un *thriller* con momentos cómicos que tuvo una gran recepción en el público. El tema elegido para la apertura del programa fue "Nada que perder", una canción de Pignoise que terminaría siendo el primer sencillo del álbum *Anunciado en televisión*, editado en 2006. El disco fue un éxito y vendió más de 100 000 copias. Apoyados en la masividad que les dio *Los hombres de Paco*, la banda consiguió un contrato con Warner y comenzaron una gira que los llevó a dar 170 conciertos en un año y medio. Además, tanto Álvaro como sus compañeros empezaron a salir con asiduidad en el programa como actores de reparto. Si bien este terminó siendo su trabajo más exitoso, Pignoise se volvió una referencia del *rock* español y su siguiente disco, *Cuestión de gustos*, también tuvo buena recepción. De más está decir que los medios inmediatamente se interesaron en la figura de Álvaro, el excanterano del Real Madrid que ahora era la nueva sensación de la música española. Hasta se inventaron historias de que Guti se había probado como segundo guitarrista de Pignoise, algo que el propio Benito desmintió tiempo más tarde. Dado el vínculo de dos de sus integrantes con el fútbol, la banda fue elegida para grabar *Pasar de cuartos*, la canción oficial de España para la Eurocopa 2008, certamen que eventualmente terminaría ganando.

A la par de su carrera musical, Álvaro comenzó a trabajar como analista en distintos programas de prestigio como Carrusel Deportivo y El Larguero, así como también a colaborar con el *Diario AS* y, además, se vinculó nuevamente con el fútbol. En 2014 formó su cuerpo técnico en el que también estaba su compañero de banda Héctor Polo y comenzó a entrenar en un pequeño club de infantiles que tenía vínculos con el Real Madrid. Durante un tiempo pudo compaginar su tarea como entrenador de chicos con su banda, pero a medida que su carrera como DT iba progresando, el *rock* pasó a un segundo plano. En 2015, Pignoise grabó *Lo que queda por andar*, su último LP y, aunque siguió editando sencillos a través de su propio sello, ya no volvería a meterse en un estudio de grabación durante bastante tiempo. En cuanto a su faceta como entrenador, Benito llegó a tener a su cargo al Real Madrid Juvenil B, pero fue despedido del club en 2019 después de que, en un programa de la Cadena Ser, criticara duramente a Toni Kross y a Casemiro después de la eliminación del Madrid de la Copa del Rey. Hoy, Álvaro Benito sigue girando con su banda por España y, aunque los fanáticos más chicos solo lo reconozcan por su faceta musical y no le crean que jugó en el Real Madrid con Raúl y Guti, él puede mostrar orgulloso su medalla de campeón de liga 1996/97. No es poco.

***

Aunque en los vestuarios del fútbol argentino la cumbia en todas sus variantes siempre fue la banda de sonido predilecta, el *rock & roll* tuvo (y tiene) su cuota de fervientes seguidores. Uno de los más reconocidos es Carlos Daniel Cordone, explosivo delantero que supo jugar en Vélez Sarsfield, Racing, San Lorenzo y Newcastle United de Inglaterra, entre otros, y que festejaba sus goles levantándose la camiseta y mostrando remeras con los nombres de sus bandas favoritas. Pese a tener casi 50 años, el hoy entrenador de Leandro N. Alem sigue tan prendido del *rock* como en sus días de jugador:

> "No importa si estoy bien o mal, el rock siempre me levanta. (...) Tuve la suerte de conocer personalmente a Los Piojos, Los Ratones Paranoicos, a Viejas Locas, La Renga, a Charly García y a Mollo de Divididos. También me hice muy amigo de los chicos de La 25. Tuve la suerte de conocer a monstruos del rock nacional".

Curiosamente, y pese a tener una relación cercana con varios referentes del género, este amor por la música no se tradujo en aprender a tocar un instrumento, algo para lo que el propio Cordone admitió no tener paciencia. Quien sí la tuvo y le sacó provecho fue Germán Burgos, histórico arquero de River Plate y la selección nacional que, a la par de su exitosa carrera como futbolista, se dio el lujo de ser vocalista de su propia banda. Surgido en Ferrocarril Oeste durante el año 1989, el Mono defendió el arco del equipo de Caballito hasta mediados de los noventa, para luego consagrarse en el Millonario. Cuando era adolescente, Burgos no solo descollaba debajo de los tres palos, sino que, además, había demostrado dotes para el karate, donde llegó a ser cinturón amarillo punta naranja. Sin embargo, fue su padre —quien, además, era su entrenador en el Club Atlético Florida, el club donde se formó en su Mar del Plata natal—, el que lo hizo elegir el fútbol por sobre las patadas. Aunque lo dejó sin el karate, el viejo le dio un regalo mucho más importante: el *rock*. Para incentivar el buen andar en la escuela, el padre de Burgos le regalaba vinilos y, aunque no siempre funcionaba, el joven Germán pudo descubrir, entre otros, a los Rolling Stones, su banda favorita. Ya atajando para River Plate, su fanatismo por el *rock* era *vox populi* y se le podía ver en los bares porteños cantando *rock* con La Piara, banda que formó durante su etapa en Ferro junto al guitarrista Oscar Kamienomosky. En ese primer grupo, Burgos se daba el gusto de versionar temas de sus amados Stones, así como también de Pappo y los Ratones Paranoicos. A medida que su carrera como jugador fue levantado vuelo —fue el arquero titular del River Plate multicampeón de Ramón Díaz y Daniel Passarella lo llevó a la Copa del Mundo Francia 1998 como suplente de Carlos Roa— Burgos priorizó lo deportivo, pero así y todo se dio el lujo de grabar su primer disco. En 1999, otra vez justo a Kamienomosky y con la compañía del bajista Gustavo Donés, formaron Burgos Simpatía. Con esta nueva agrupación editaron *Jaque al rey* y *Fasolera de tribunas*. Ya en el Atlético de Madrid —equipo en el que se ganó a los hinchas tanto por sus actuaciones en el *field* como por ser uno de los pocos que no le dio la espalda al club pese a estar en Segunda División—, la banda adoptó el nombre The Garb y editó *Líneas calientes* en 2002. Aunque sus primeros trabajos tuvieron un relativo éxito comercial, ese no era el fin último. Solo se trataba de un grupo de amigos haciendo música para divertirse y pasarla bien.

El marzo de 2003 fue un año bisagra para el guardameta, no solo en lo deportivo, sino en su vida personal. Unos estudios de rutina arrojaron los peores resultados, un tumor maligno en uno de sus riñones que, según él, se debía a su larga adicción al cigarrillo. Pese a su pedido de posponer la operación hasta después de un partido ante el Mallorca, Burgos finalmente fue intervenido quirúrgicamente de urgencia y el tumor fue retirado con éxito. Aunque los médicos estimaban que podría volver a jugar en dos meses, ya para ese entonces el arquero evaluaba la posibilidad el retiro, algo que se hizo efectivo a mitad de ese año. Muerto el futbolista, solo quedó el roquero. Y fue en ese momento donde se dio el lujo de emular al gran Johnny Cash, aunque su recital no fue en la Prisión Estatal de Folsom, sino en la cárcel Valdemoros de Madrid. Aunque el Mono tenía en su cabeza hacer algo similar en Argentina, el papelerío y la burocracia impidieron el *show*. La propuesta de hacerlo en un presidio madrileño surgió de la organización Solidarios, un colectivo que trabajaba por la reinserción de los presos en la sociedad. El espectáculo fue un martes por la tarde y The Garb formó ese día con el Mono de cantante, Oscar Kamienomosky en la guitarra, Gustavo Dones al bajo y Walter Sidotti a la batería. Al momento de comenzar el recital, las 200 butacas dispuestas en la sala de actos del penal estaban repletas. Entre el "selecto" público había unos cuantos argentinos, quienes se sintieron más locales que nunca —uno de ellos, que había sido detenido con 12 kilos de cocaína y condenado a 15 años de prisión, no le dijo nada a sus familiares argentinos y solo los llamaba periódicamente diciendo que todo iba bien en España—. En esa jornada de fiesta, en el presidio sonaron temas de los tres discos de la banda, así como también algunas versiones de canciones de Pappo's Blues, Los Gatos, Los Redonditos de Ricota y Los Ratones Paranoicos. La ovación final fue para *Será un Rolling Stone*, una de las canciones más reconocidas del Mono Burgos. Aunque en 2005 grabó su cuarto disco titulado *Abismos* y tuvo cameos en las películas de temática roquera de Santiago Segura *Isi/Disi. Amor a lo bestia* (2004) y su secuela *Isi/Disi. Alto voltaje* (2006), paulatinamente, el exarquero de la selección nacional argentina, River Plate y el Atlético de Madrid fue vinculándose otra vez con el mundo del fútbol. Primero fue como comentarista deportivo en la Radio Nacional de España y luego comenzó a formarse como mánager. Aunque su primera experiencia como entrenador fue dirigiendo al Real Carabanchel, un pequeño club de Madrid, en 2011 se sumó como ayudante de campo principal al cuerpo técnico de Diego *Cholo* Simeone. De esta manera se inició una sociedad que llevaría al Atlético de Madrid a vivir su etapa más gloriosa. En los diez años que fue la mano derecha del Simeone, el colchonero ganó una liga, una Copa del Rey, una Supercopa de España, dos Supercopas Europeas y dos Europa League. Además de estos galardones, el Atlético se dio el lujo de llegar a la final de la Champions League en dos oportunidades. Cuando en 2021 decidió dejar el cuerpo técnico de Simeone para probar suerte como entrenador principal, le preguntaron en varias entrevistas qué había pasado con su faceta roquera. Burgos respondió que eso ya era un perfume del pasado.

***

Con apenas 30 años, el delantero Daniel Osvaldo dijo basta. Ya no importaba ser el delantero estrella de un club tan prestigioso como Boca Juniors o haber sido parte de la selección italiana. Mientras otros futbolistas —y personas comunes y corrientes— hubiesen matado por tener una carrera como la suya, haber jugado en equipos de la talla del Inter, la Roma o la Juventus solo le parecía un mero apartado en su *currículum vitae*. A mediados de 2016, Dani Stone no tuvo reparos en retirarse a una edad en la que seguro todavía tenía muchos goles guardados en la cartuchera. Es cierto que en su decisión influyó la disputa con Guillermo Barros Schelotto —por ese entonces entrenador *xeneize*, quien ya lo tenía apuntado y utilizó la excusa de un cigarrillo en el vestuario para cortarlo del equipo— y los escándalos que envolvían su cada vez más mediática vida personal, pero como el mismo dijo en una entrevista "para estar en el ambiente del fútbol hay que caretearla y yo no lo soporté más".

Surgido en las inferiores del club Huracán, Osvaldo debutó en club de Parque Patricios jugando el Nacional B en 2005. Durante esa única temporada que usó la camiseta del Globo llegó a disputar una treintena de partidos y marcó algunos goles que despertaron la atención del Atalanta italiano. Con tan solo 19 años, el centrodelantero, que ni siquiera había puesto un pie en Primera División, decidió marcharse al Viejo Continente para asegurarle el futuro a su familia y cumplir el sueño de que su padre no tuviera que trabajar más. Después de pelearla en el club de Bérgamo y en el Lecce, la consagración le llegó en 2009 jugando para la Fiorentina, equipo donde marcó 24 goles y al que ayudó a clasificar a la Champions League 2009/10. A partir de allí, todo fue una escalera al cielo: su exitoso ciclo en el Espanyol de Barcelona, su desembarco en la Roma, la selección italiana, los contratos millonarios... Las puertas del mundo se le abrían de par en par a un chico que hasta no hacía mucho tiempo no sabía lo que era una ropa de diseñador y se vestía con lo que podía. Aun habiéndose marchado de su país natal siendo un total desconocido, ahora su nombre aparecía en los resúmenes de goles de los principales torneos europeos. Pero detrás de todo ese lujo (y vulgaridad), el fútbol y la fama le quitaban algo que siempre había valorado: su libertad. Si bien la pelota le permitió recorrer lugares que ni en sus sueños más alocados pensó en conocer, en el fondo seguía siendo un pibe de Monte Chingolo que disfrutaba de jugar con sus amigos y escuchar música todo el día. El dinero le daba seguridad económica, pero el contraste de su vida con la de sus afectos más cercanos era un *cross* de derecha que cada dos por tres le pegaba de lleno en el mentón. El propio Osvaldo declaró en 2019 que durante 12 años no sabía bien donde estaba parado:

> "Viví en una nube de pedos donde viajaba en avión privado y vacacionaba en yates de 40 metros. Estuvo buenísimo, lo disfruté mucho, pero llega un momento en el que te sentís vacío. Ya está. Ya no quiero vivir así, no es real. La gente no vive así".

Tras colgar las botas, el ahora exjugador se abocó de lleno a su carrera como músico. Si bien su representante tenía sobre la mesa una oferta concreta para retornar al fútbol italiano, más precisamente al Chievo Verona, el atacante desechó el ofrecimiento y formó junto a los guitarritas Agustín Blesa D'Angelo y Julen Arruabarrena, el bajista Taisen F. Martin y el baterista Sergio Vall la agrupación Barrio Viejo. Con su nueva banda debutó a los pocos meses de haberse retirado en un bar de Barcelona para luego realizar algunos *shows* en Argentina. Tras estos recitales para darse a conocer, la banda se metió en los estudios para grabar su primera placa.

Ahora bien ¿cómo llegó Dani Osvaldo a interesarse por el *rock*? Pues bien, el gusto por la música corría por sus venas. Tanto sus tíos como su padre tocaban música folclórica y sus abuelos le hacían escuchar los vinilos de José Larralde una y otra vez. También había espacio para el tango en la voz del cantante uruguayo Julio Sosa, conocido en el Rio de La Plata como El Varón del Tango. Esto no quiere decir que el *rock* haya tenido un lugar marginal en la casa de la familia Osvaldo, ni mucho menos. Su papa era fanático de Los Beatles y lo introdujo al género con los Fab Four y con Creedence Clearwater Revival. Más tarde llegarían los *Stones* y los grandes del *rock* nacional como Los Redonditos de Ricota, Charly García, Los Ratones Paranoicos y demás. Aunque en la adolescencia su principal preocupación era el fútbol —soñaba con ser como Maradona y dormía abrazado a la pelota—, el *rock* ya ocupaba un lugar importante en su vida. Ya como jugador profesional, en su estancia en el Espanyol de Barcelona se le solía ver camuflado tocando la guitarra en las plazas de la ciudad y durante su paso por Boca Juniors —por diversos motivos su etapa más mediática— subió a tocar en algunas oportunidades con La 25.

En 2017 Barrio Viejo editó *Liberación*, un compilado de 12 canciones propias y un *cover* de Rufus Thomas —*Walking the dog*— en donde la impronta Stone fue solo una de las tantas influencias de las que se sirvió la banda. El corte de difusión fue *Desorden*, una canción que, por su progresión de acordes y la forma de cantar de Daniel Osvaldo, tranquilamente podría ser atribuida a Los Ratones Paranoicos. También hubo lugar para el *blues* con *Infumable*, un tema que no desentonaría en los clubes de Blues de Chicago. Tras darse el lujo de telonear a sus amigos de La 25 en un *show* realizado en el estadio de Atlanta, la banda de Dani Stone se embarcó en una gira por Argentina para presentar su primer trabajo. Tras varios espectáculos en el país, a principios de 2019, la banda se fue para Europa para tocar en escenarios de Italia, Alemania, Suiza y Austria. A la vuelta de su periplo por el Viejo Continente, entraron nuevamente en el estudio para grabar su segundo disco *Un país con buena gente*. A la par de este proceso, Osvaldo quiso tener su *last dance* en las canchas del fútbol argentino.

A finales de 2019, Julio César Falcioni se comunicó con el jugador para invitarlo a sumarse a la plantilla de Banfield. La propuesta llegó en un momento en el que el delantero estaba más maduro y seguro con respecto a su carrera musical y se permitía soñar con una despedida acorde a su ilustre carrera. Hasta ese momento, la última imagen del Daniel Osvaldo jugador había sido durante los cinco minutos finales de un partido de Copa Libertadores de 2016 entre Boca Juniors y Nacional de Uruguay. Lo que siguió a ese *match* es historia conocida por todos: Osvaldo, fumador empedernido, prendió un cigarrillo en un rincón del vestuario, lo que desató la ira del entrenador Guillermo Barros Schelotto. Aunque en ese plantel había varios jugadores que también fumaban, el Mellizo ya tenía entre ceja y ceja al delantero por razones que iban más allá de lo estrictamente deportivo, por lo que se agarró de esa excusa para expulsarlo del vestuario. Osvaldo, que en alguna oportunidad admitió ser un tipo temperamental, no reaccionó bien a los reproches exagerados de Barros Schelotto y todo terminó en escándalo. A los pocos días, el club de la rivera anunció que rescindía el vínculo con su futbolista estrella. Pero aparte de la sed de revancha, había otros motivos por los que decidió aceptar la propuesta de volver a ponerse los botines. Primero que nada, el club estaba cerca de su casa y eso implicaba disfrutar de una comodidad inusual para un futbolista profesional. En segundo lugar, su entorno le insistía que volviera ya que todavía tenía cuerda para rato como jugador. Pero la razón más importante de todas fue jugar con la camiseta de Banfield, el cuadro del que su padre es hincha. Además, con Falcioni había una cierta complicidad. El Emperador fue un fumador empedernido durante toda su vida y, aunque tuvo severos problemas de salud por culpa del tabaco, nunca pudo dejar el vicio del todo. De hecho, cuando la prensa conoció la noticia de la posible llegada de Osvaldo al Taladro, el DT se permitió bromear en los programas de radio diciendo que invitaría al jugador a fumar en su despacho.

En enero del 2020, Daniel Osvaldo se sumó a la pretemporada del equipo y comenzó la puesta a punto tras más de tres años de inactividad, pero el sueño de volver a las canchas fue efímero. Tras debutar en buen nivel frente a River Plate en el Monumental y tener otra aceptable actuación ante Aldosivi de Mar del Plata, los problemas musculares comenzaron a pasarle factura por tanto tiempo sin jugar al nivel de elite. Para colmo de males, la suspensión de la temporada del fútbol argentino debido a la pandemia del COVID-19 complicó su correcta preparación física. Finalmente, a mitad de ese año, decidió retirarse definitivamente y dedicarse de lleno a su carrera musical.

***

Los últimos dos ejemplos que citaremos en este capítulo son Sebastián Dubarbier y Juan Ignacio Antonio. Nacido en la ciudad de La Plata en 1986, Dubarbier realmente nunca tuvo una devoción genuina por el fútbol. Aunque se sumaba con frecuencia a los partidos que jugaban los chicos del barrio, el mandato familiar era el atletismo y el estudio —su padre y su madre se especializaron en 100/200 metros y salto en largo respectivamente—. Tras hacer sus primeras armas en el Círculo Cultural Tolosano, a los 17 años se sumó a las inferiores del club Gimnasia y Esgrima La Plata, equipo en donde debutó en el año 2006 de la mano del Pedro Troglio. Por su despliegue y su velocidad, rápidamente se ganó un puesto como titular en el primer equipo del Lobo. Tras un breve paso por Olimpo, el jugador desembarcó en el Cluj de Rumania. Pese a tratarse de un país tan distinto, Dubarbier se adaptó muy bien debido a que en el cuadro rumano había varios compatriotas —Cristian Fabbiani, Emmanuel Culio, Sixto Peralta, Diego Ruiz y el uruguayo Álvaro Pereira—. Sus buenas actuaciones en la Champions, donde fue titular en los seis partidos que disputó su club, hicieron que varios equipos de ligas más importantes se interesaran en él. Aunque se hablaba del Chelsea o del Atlético de Madrid, finalmente desembarcó en el Lorient de Francia, pero allí las cosas no salieron del todo bien y fue en España donde realmente se consolidó, jugando en Segunda División para Tenerife y Córdoba y luego en Almería. Con este último se dio el lujo de jugar en Primera ante futbolistas de la talla de Lionel Messi, Cristiano Ronaldo, Luis Suárez y Karim Benzema entre otros.

Para sorpresa de todos, en 2017 retornó a nuestro país para jugar en Estudiantes de La Plata, aunque esto no debería llamar tanto la atención. Como el propio Sebastián admitió tiempo más tarde, y pese a que no era de mirar mucho fútbol, durante su adolescencia se sintió siempre más identificado con el Pincha. Además, y no es un detalle menor, su pareja es María Alejandra Sabella, hija del recordado entrenador de Estudiantes y de la selección nacional, Alejandro Sabella. Pese a surgir de la otra vereda, su experiencia en el club rojo y blanco fue positiva, jugó bastante y el equipo terminó como subcampeón. Sus últimos pasos por el fútbol profesional fueron en el Deportivo La Coruña español y Banfield, donde compartió plantel, mates y guitarreadas con Daniel Osvaldo. Y al igual que para el líder de Barrio Viejo, la pandemia de COVID-19 fue determinante para colgar las botas. A partir de ese momento, Sebastián Dubarbier se dedicó de lleno a la música, un *hobby* que arrastraba desde hacía mucho tiempo, pero que con los años se lo fue tomando cada vez más en serio.

Como ha contado en varias entrevistas, su primera guitarra se la compró a los 20 años cuando se fue de la casa de sus padres. Su amor por el *rock* estaba presente desde antes de la adolescencia, cuando tuvo la oportunidad de conocer a su ídolo Fito Páez, pero fue recién ahí cuando comenzó a disfrutar de la música desde otro lugar. Al tiempo, Dubarbier no solo estaba tocando, sino también componiendo. En un principio, estas primeras canciones fueron escritas como una suerte de terapia, una válvula de escape a las presiones de ser un deportista de alto rendimiento, pero con el paso de los años se armó una biblioteca propia de composiciones que fue perfeccionando. La pandemia del COVID-19 le dio la oportunidad de trabajar en su álbum debut *Rompecabezas*, que presentó en la ciudad de La Plata en 2022 y cuyo corte de difusión fue *Walking dead*.

Al igual que el español Álvaro Benito, Juan Ignacio Antonio debió dejar su carrera como futbolista de manera prematura debido a las lesiones, aunque, antes de colgar las botas para dedicarse a la música, se dio el lujo de jugar en varios equipos históricos del fútbol italiano como el Brescia, la Sampdoria, el Ascoli y el Parma. Nacido en la ciudad de Trelew en 1988, el vínculo de Antonio

con la música comenzó desde pequeño, cuando escuchaba a su mamá y a su tía tocando canciones de Sui Generis y, aunque el fútbol siempre fue la prioridad número uno durante la adolescencia, siempre encontraba momentos para dar rienda suelta a su pasión por la guitarra. Sus primeros pasos como jugador los dio en un club de barrio llamado Los Aromos, que actuaba como filial de la CAI de Comodoro Rivadavia, uno de los clubes más importantes del sur argentino. Pese a que descollaba como delantero, la lejanía con el fútbol grande de la Capital Federal o Rosario hacía difícil pensar en una carrera como jugador profesional. Fue entonces cuando, en un camino inverso al que suelen hacer la mayoría de los pibes, la selección nacional sub-17 le permitió desembarcar en un grande como River Plate. Tras sorprender en una prueba realizada por Hugo Tocalli, histórico colaborador de José Pékerman, Juan Ignacio fue convocado al Torneo Sudamericano Sub-17 2005 disputado en Venezuela. Pese a que ese equipo contaba con figuras como el Alejandro Papu Gómez o el Kun Agüero, la sub-17 argentina ni siquiera pudo pasar la primera ronda. Aun así, esto no impidió realizar un *trial* en el Liverpool de Inglaterra, algo que poco tiempo atrás resultaba un sueño alocado. Pese a dejar una buena impresión en el club inglés, el atacante volvió a nuestro país para firmar con River Plate e integrarse a las formativas del Millonario, aunque rápidamente fue subido a la reserva y comenzó a entrenar con la primera. Todos en River le auguraban a Juan Ignacio Antonio un futuro destacado en el fútbol, pero los problemas recurrentes en una de sus rodillas le pusieron un freno a su ascendente carrera y, entre 2006 y 2010, solo pudo jugar ocho partidos en la primera de River. Finalmente, se quedó con el pase en su poder y con la incertidumbre de no saber para qué rincón del mundo lo llevaría su carrera. Casi sin pensarlo, Antonio aceptó la insólita oferta para probar suerte en el fútbol de Túnez, pero la experiencia de unas pocas semanas lo hizo arrepentirse de la decisión. De vuelta en la Argentina, se enfrentó a la disyuntiva de intentarlo nuevamente o dejar su carrera deportiva y concentrarse en el estudio o buscar un empleo. Justo en ese momento apareció el Brescia de Italia y Juan Ignacio tuvo su revancha. El rigor y la disciplina del Calcio ordenaron su juego y aunque en el cuadro de Lombardía no tuvo lugar —la delantera titular era Alessandro Diamanti y Panagiotis Kone—, un préstamo al Ascoli le permitió sumar minutos de juego. Con el descenso a la Serie B consumado, el Brescia decidió apostar por él y Antonio comenzó como titular en la temporada 2011/12. Tras un buen campeonato, fue fichado por la Sampdoria, donde compartió equipo con varios compatriotas como Gonzalo Bergessio, Maxi

López, Mauro Icardi y Sergio Romero. Allí se dio el lujo de jugar ante equipos de la talla del FC Barcelona. Finalmente, en 2015, Juan Ignacio Antonio se retiró del fútbol con tan solo 27 años.

Durante toda su carrera, la guitarra fue su fiel compañera. Ya sea cuando fue parte de la selección sub-17 y el Kun Agüero le pedía que tocara *Arranca corazones* de Ataque 77 o durante sus días en el fútbol italiano, la pasión por la música nunca lo abandonó. Aunque tuvo proyectos musicales como La Vieja Mimosa y Trakis y los Atlantes, el retiro le permitió dedicarse *full time* a su nueva banda, Francia 98. El nombre de la agrupación remite a la primera Copa del Mundo que Antonio pudo experimentar como hincha. Además, y para reforzar el toque futbolero, todos los miembros suben a tocar vistiendo la camiseta de la selección argentina. En apenas dos años —la banda se formó en 2020— Francia 98 ya tocó en escenarios prestigiosos del círculo capitalino, tales como Niceto, el Roxy o el Hard Café de Puerto Madero y editaron su primer disco, *La fábrica de canciones*.

CAPÍTULO 7

EL LADO OSCURO DE LA PELOTA

Pink Floyd fue una de las bandas más importantes y rupturistas de la historia. Desde su alumbramiento en el año 1965 con el inestable Syd Barret como guitarrista y *frontman*, Roger Waters como bajista, Nick Mason en la batería y Richard Wright como tecladista, la agrupación estuvo influenciada por distintos movimientos artísticos como el surrealismo, la ciencia ficción y la literatura fantástica. Ir a ver un recital de Pink Floyd no era solamente ir a escuchar música, sino que se trataba de una experiencia visual y sensitiva. En los *shows* había juegos de luces, se pasaban diapositivas y la duración de las canciones era indeterminada. Pese a su frágil estado mental y su adicción al LSD, Barret era quien llevaba la batuta en cuanto a la dirección musical, algo que quedó de manifiesto en *The piper at the gates of dawn* (1967), el único disco que grabó con el grupo. Ya con David Gilmour como vocalista —se dice que la banda simplemente decidió no recoger a Syd para un *show* y, en su lugar, pasó por la casa de Gilmour, quien ya lo había reemplazado en algunos recitales— los de Cambridge se volcaron más al *rock* progresivo, aunque sin olvidar esa primera impronta que le supo dar el anterior vocalista. En su segunda placa, *A saurceful of secrets* (1968), la nueva formación se arrojó de lleno a una experimentación en busca de su sonido definitivo, un camino que recorrieron también en *Ummagumma* (1969) y en *Atom hearth mother* (1970). A la par de su búsqueda musical, la agrupación supo construir una imagen pública misteriosa y hosca, tanto para con la prensa como con su público. En cuanto a los medios, más allá de una obvia repulsa a los miembros del cuarto poder, todo era un movimiento pensado para aumentar el aura mística que rodeaba a

Pink Floyd y vender más discos. Ahora bien, ese carácter hosco de sus miembros también se veía reflejado en la vida interna de la banda. Es por todos conocidos el encono personal que han mantenido a lo largo de los años Roger Waters y David Gilmour, el cual se hizo público tras la salida de *The final cut* (1983) y la partida de Waters, líder de la agrupación desde la salida de Syd Barret. La pelea, motivada tanto por cuestiones artísticas como por temas personales, incluso llegó a los tribunales cuando el bajista demandó a sus excompañeros porque ellos seguían utilizando el nombre de la banda y parte de la estética desarrollada por Waters —se dice que este registró el mítico inflable del cerdo de *Animals* y por eso los otros miembros le agregaron testículos para saltearse los problemas legales— así como también tocaban los grandes éxitos de Pink Floyd. Aunque la cuestión terminó en acuerdo —Waters se quedó con las canciones y la estética de The Wall y la banda con el nombre y el resto de los temas—, los dardos envenenados en forma de declaraciones públicas se siguieron lanzado desde uno y otro lado. Gilmour hablaba de Waters como un tirano megalomaníaco, mientras que el bajista aseguraba que sus excompañeros no aportaban nada más que su talento como intérpretes y que él mismo había sido el motor creativo del grupo. ¿Es posible que un grupo de personas que se odian con tanta intensidad se junten a tocar nuevamente? Lo que parecía imposible solo ocurrió dos oportunidades, en 2005 y 2010, cuando Pink Floyd volvió a juntarse para tocar con fines benéficos en el *Live 8* y en un concierto por los niños palestinos respectivamente.

Ahora bien, hubo una época en donde los egos no se lo habían devorado todo y la banda hacía algo más que tocar sin prácticamente dirigirse la palabra entre ellos. Tan buena era la química entre sus miembros que decidieron formar un equipo de fútbol, el Pink Floyd FC o PF FC. Aunque esta escuadra, compuesta por todos los miembros de la banda y parte de su entorno, no incursionó en ninguna de las cientos de *sunday leagues* que hay en Inglaterra, desafíos no les faltaron. En su historial registran partidos contra equipos conformados por periodistas —aquellos a quienes no detestaban tanto—, el Ballet de Marsella y otras bandas con equipos, como por ejemplo Iron Maiden. Dentro del *team,* el único integrante con posición definida era Roger Waters, que se destacaba como un arquero seguro y eficiente. En cambio, Nick Mason y Richard Wright no tenían un puesto fijo, sino que se movían por todo el campo de juego. Ahora bien, este no era el único vínculo de Pink Floyd con el más bello de los deportes. En el sexto disco del grupo, *Meddle* (1971), la banda incluyó en "Fearless" una grabación de fondo donde se puede escuchar a The Kop, la mítica tribuna del Liverpool, cantando *You'll never walk alone*. Esta canción, compuesta en los cuarenta por el dueto Rodgers & Hammerstein, fue popularizada en los sesenta por el grupo *beat* Gerry and the Peacemakers —una banda de Liverpool que surgió al mismo tiempo que Los Beatles y que, al igual que los Fab Four, era manejada por el empresario Brian Epstein y producida por George Martin— y fue tomada por los hinchas del Liverpool como un himno cada vez que el equipo sale al estadio o bien cuando el partido está complicado y los muchachos de rojo necesitan recordar que sin importar qué tan difícil estén las cosas, nunca caminarán solos. Según cuenta la historia, esta canción pasó a ser un himno de batalla para la escuadra inglesa después de que los miembros de la banda se encontraran con el plantel en un viaje en autobús y el líder de la banda, Gerry Marsden, les regalara una copia del disco. Tiempo más tarde, el equipo entero llegó a cantar con la banda durante una emisión del popular *show* norteamericano de variedades de Ed Sullivan. Ahora bien ¿Cómo llegó la grabación de *You'll never walk alone* al disco de Pink Floyd? Según cuentan algunos, esta inclusión se debió a un pedido expreso de Nick Mason y Richard Wright, quienes supuestamente eran hinchas del Liverpool. Esto nunca pudo ser confirmado y el propio Mason ha demostrado ser más fanático del automovilismo que de la pelota (aunque en 2019 formó parte del consorcio que intentó salvar al Bolton Wanderers FC). Los que sí son grandes fanáticos del fútbol son David Gilmour y Roger Waters que, pese a llevarse como el demonio, comparten su amor por el Arsenal y solían ir a la cancha juntos. Incluso se dice que durante las grabaciones de *The dark side of the moon* solían escaparse para ir a ver a los *gunners*. De hecho, aunque no habla de fútbol, el título de la canción *The gunner's dream* es un guiño de Waters al club de sus amores.

***

El fútbol suele traerle dolores de cabezas a los hinchas. Cuando tu equipo pierde, la semana se hace más larga, el trabajo se hace más pesado y la comida tiene un sabor amargo. Seguramente, a David Gilmour le ha pasado esto más de una vez con las últimas campañas del Arsenal, muy alejadas de la etapa gloriosa de Thierry Henry, Dennis Bergkamp y Arsène Wenger. Lo que el vocalista y guitarrista de Pink Floyd nunca se esperó es que una de sus más fuertes jaquecas haya sido por culpa del América de Cali.

El año 1992 fue uno de los más difíciles para Colombia. Pese a que el gobierno del presidente Cesar Gaviria vociferaba a los cuatro vientos que estaban ganando la guerra contra los narcos, que había sido declarada formalmente después del asesinato del candidato presidencial Luis Carlos Galán unos años antes, desde la tristemente célebre cárcel La Catedral, Pablo Escobar seguía al mando de su imperio delictivo. Para evitar la extradición a Estados Unidos, y con la supuesta intención de preservar su seguridad de posibles ataques si lo enviaban a un presidio común, el gobierno colombiano le permitió al jefe del Cartel de Medellín construirse una prisión a medida, con todas las comodidades para él y sus allegados. De esta manera, el hombre más peligroso del país se daba la gran vida —se cuenta que habitualmente se organizaban partidos contra los *cracks* de la liga local y orgias con prostitutas que duraban varios días— mientras planeaba su siguiente movimiento y señalaba objetivos para que sus sicarios se encargaran de pasar por las armas de la manera más sangrienta posible. En esos días, los ataques del líder narco no solo estaban dirigidos contra objetivos políticos y bandas rivales, sino también contra su propio círculo íntimo. Sus lugartenientes Fernando Galeano y Gerardo *Kiko* Moncada, encargados de controlar el negocio durante su ausencia forzada, fueron ejecutados después de que Escobar descubriera que habían desviado más de 20 millones de dólares. La purga no se detuvo en ellos dos, sino que, además, incluyó a varias segundas líneas y a sus familias. En total, 50 personas fueron asesinadas por órdenes del capo narco. Cuando las autoridades del gobierno supieron qué era lo que estaba pasando, se decidió relocalizar a los detenidos en cárceles comunes, pero la red de informantes que Pablo Escobar tenía en el Ministerio de Justicia se encargó de alertar a los detenidos y estos se fugaron de La Catedral con la complicidad de los guardias que, vaya sorpresa, estaban todos en la nómina del capo narco. La reacción del Cartel de Medellín fue lanzar una ofensiva contra las fuerzas de seguridad y, entre septiembre y octubre de ese año, 30 oficiales de distintos cuerpos fueron asesinados por sicarios. Por orden de Escobar, también fue ejecutada la jueza Myriam Rocío Vélez Pérez.

En Cali, las cosas también se estaban moviendo. Enfrentados contra el gobierno, pero también contra Medellín, el cartel liderado por los hermanos Gilberto y Miguel Rodríguez Orejuela esperaba pacientemente a que el cerco se cerrara sobre Escobar para así quedarse con el control de la mayor parte del negocio de la cocaína. Para "ayudar" al gobierno, incluso ordenaron poner bombas en el centro de Medellín. Ahora bien, como la mayoría de los grupos delictivos organizados, el Cartel de Cali también estaba metido en el negocio del fútbol. En 1979, los Rodríguez Orejuela se transformaron en accionistas mayoritarios del América de Cali, uno de los dos equipos más importantes de la ciudad. Pese a ser uno de los cuadros más populares del país, hasta ese entonces no había conseguido ni un solo título, pero todo cambió cuando en las arcas del club comenzó a entrar el dinero derivado del "oro blanco". De la noche a la mañana, América de Cali se transformó en el equipo más poderoso de Colombia, conquistando siete ligas locales y llegando tres veces a la final de la Copa Libertadores. Tanto era el poderío económico de los diablos rojos que incluso pelearon de igual a igual con el FC Barcelona el fichaje de Diego Armando Maradona. Aunque finalmente no pudieron quedarse con el Pelusa, el Cartel de Cali pudo armar una verdadera selección sudamericana que contaba con *players* de calidad, como los argentinos Julio César Falcioni, Ricardo Gareca, los peruanos César Cueto y Guillermo La Rosa y los paraguayos Juan Manuel Bataglia y Gerardo González Aquino. En un momento, llegaron a tener una nómina 150 jugadores.

Pero cuando el talento no era suficiente, los hermanos Rodríguez Orejuela recurrían a métodos propios de su rubro. La compra de árbitros se volvió una práctica habitual y, cuando no bastaba con el dinero, también la intimidación y las amenazas apenas veladas. Tanta era la influencia de los distintos carteles en el mundo del fútbol que, cuando el ministro de defensa, Rodrigo Lara Bonilla, denunció en 1983 en rueda de prensa los vínculos explícitos entre los clubes y los grupos criminales, su cabeza pasó a tener precio. El 30 de abril de 1984, Lara Bonilla murió asesinado por un sicario del Cartel de Medellín.A estas alturas, el lector se habrá dado cuenta de que, durante el reinado de Gilberto y Miguel Rodríguez Orejuela, en Cali nada era más importante que el América. Ni siquiera un mega recital con varios de los músicos de *rock* más importantes del planeta. Durante la década de los noventa, el movimiento ecologista ya estaba en auge debido, entre otras cosas, al buen manejo de relaciones públicas que hacían organizaciones como Greenpeace, elevada por los medios a la categoría de policía medioambiental global —siempre y cuando no interfiera con intereses norteamericanos—. En Colombia, dos hermanos caleños llamados Javier Orlando y Hugo Alejandro Rey Ramírez eran una especie de voceros de este movimiento y, para darle más fuerza a su mensaje, no tuvieron una mejor idea que organizar un mega evento que culminaría con un recital multitudinario en el estadio Pascual Guerrero. Así nació Ecomundo 92, uno de los fiascos más grandes en la historia de la música colombiana. Aparte del *show*, la idea de los hermanos Rey Ramírez era convocar también a distintas celebridades del espectáculo, como los directores de cine Oliver Stone y Pedro Almodóvar, así como también el actor Michael Douglas.

Para reclutar a las bandas que tocarían en Ecomundo, los organizadores se apoyaron en Jesús Alfredo *Chucho* Merchán. Bajista de Malanga —una de las agrupaciones pioneras del *rock* colombiano—, Merchán partió hacia Londres en 1972 tras la disolución de su grupo para estudiar música en la Universidad de Cambridge, donde rápidamente se hizo conocido y entabló relación con varios miembros de distintos grupos de *rock* ingleses. Chucho no era un improvisado en esto de armar recitales a benefició, ya que, en 1985, él fue quien organizó un espectáculo en el Royal Albert Hall para ayudar a las víctimas del Nevado del Ruiz, un volcán ubicado en el departamento de Tolima cuya explosión, ocurrida el 13 de noviembre de ese año, dejó entre 23 000 y 25 000 víctimas. Ese recital fue encabezado por David Gimour, Annie Lennox, Mike Oldfield y el guitarrista de The Who, Pete Thonshend. En un principio, Merchán se mostraba escéptico, pero todo cambió cuando los organizadores le giraron la primera remeza de dinero para alquilar el equipo y organizar los ensayos. Además, y como bien comentó el bajista años más tarde, con este concierto buscaba demostrarles a sus colegas (y al mundo) cuál era la verdadera cara de Colombia: "Quería que vieran que este no era un país de mierda, sino que era un lugar hermoso que lo tenía jodido el narcotráfico y la guerrilla".

El *line-up* de Ecomundo 92 no podía ser más prestigioso. Chucho Merchán había logrado juntar una verdadera selección encabezada por David Gilmour, Roger Daltrey (cantante de The Who), Phil Manzanera (miembro de The Roxy Music y de madre colombiana) y la cantante Juliet Roberts. También se sumaron Kool and the Gang y los argentinos Rata Blanca. Tal fue el compromiso de Gilmour con este evento que, contra los deseos de su mánager, que consideraba este viaje una aventura peligrosa, accedió a tocar de manera gratuita. Con el diario del lunes, el cantante y guitarrista de Pink Floyd bien habría hecho en hacerle caso a su agente. Cuando los artistas tocaron tierra colombiana rápidamente se dieron cuenta de que la cosas no iban como los hermanos Rey Ramírez habían prometido. Para empezar, no habían pagado a ninguno de los proveedores. De repente, Chucho se encontró con que no tenía alojamiento ni comida que ofrecerles a sus ilustres invitados. Aunque el bajista trató de hacerse cargo de todos los gastos él solo, finalmente, su amigo David Gilmour colaboró con dinero de su propio bolsillo para garantizarles alojamiento a todos los músicos. Para colmo de males, por esos días se comprobó que Javier Rey Ramírez tenía vínculos con las FARC, las Fuerzas Armadas Revolucionarias de Colombia.

Otro de los grandes problemas en torno a Ecomundo fue la poca y mala publicidad que se le dio en los medios de comunicación. En la jornada del *show*, muchos de los asistentes entraron al Pascual Guerrero sin saber realmente a quién iban a ver. Tampoco ayudó que, cinco días antes, Guns N' Roses hubiese tocado en el Campín de Bogotá y se llevara toda la atención de los medios. Sin duda, el mayor problema fue que el evento tuviese lugar en Cali. Primero que nada, la ciudad nunca había tenido una cultura roquera y solo un puñado de jóvenes —muchos ellos pertenecientes a las clases más altas— conformaban la pequeña escena local. Pero lo que más perjudicó a Ecomundo 92 fue que, dos días después del recital, América de Cali debiera jugar como local en el Pascual Guerrero y los hermanos Rodríguez Orejuela no iban a dejar que un grupo de roqueros le arruinaran el césped del estadio. Como confesaría Chucho Merchán años más tarde, el Cartel de Cali amenazó de muerte a los músicos y saboteó la organización del concierto. Horas antes del *show*, cuando los artistas ya se estaban preparando para salir a escena, apareció en el estadio un grupo de sicarios armados con ametralladoras para cerciorarse de que todos habían entendido el mensaje: "No le arruinen el césped al equipo de los patrones o se arma un pedo de aquellos".

Para desgracia —o suerte, según se mire— de los ilustres roqueros, el espectáculo fue un fracaso rotundo y los matones de los Rodríguez Orejuela no tuvieron que cumplir con su promesa. El recinto, con lugar para más de 30 000 personas estuvo ocupado en apenas 10% de su capacidad. Menos de 3000 espectadores fueron los que se dieron cita en un *show* que, aparte de los problemas de logística ya mencionados, contó con un sonido espantoso. La experiencia fue un desastre total. Gilmour juró nunca más pisar suelo colombiano y Chucho Merchán tardó casi una década en recuperarse financieramente de las deudas contraídas. Los únicos que festejaron fueron los hermanos Rodríguez Orejuela: el América ganó su partido y, eventualmente, también la liga.

CAPÍTULO 8

FÚTBOL, HEAVY Y METAL

En 2013, Jürgen Klopp lanzó una frase que resumía a la perfección su forma de ver el fútbol. Cuando se le preguntó sobre el estilo de su colega Arsène Wenger, el entrenador alemán fue categórico: "Le gusta tener el balón, jugar al fútbol, pasar la pelota. Es como una orquesta. Pero es una canción silenciosa. A mí me gusta el *heavy* metal". Con esta simple comparación, el hoy entrenador del Liverpool dejó en claro que lo suyo era un fútbol frenético, rápido, brutal y excitante. Lejos de esperar a que el rival cometa el error, los equipos de Klopp juegan a provocarlo. Presionan alto, en la salida del contrario, para poder recuperar la pelota y en menos de tres toques marcar antes de que el contrario siquiera se haya dado cuenta. El nombre técnico de esta forma de entender el balompié es "gegenpres" —algo así como contrapresión— y su fundamento principal es que nunca un equipo es tan vulnerable como cuando pierde la pelota. Mientras que para muchos entrenadores la mejor manera de recuperar el balón es presionando en el mediocampo, el alemán intenta eliminar este factor de la ecuación: "El mejor momento para volver a tener control de la pelota es inmediatamente después de perderla. El oponente aún está buscando donde orientar el pase y pierde de vista lo que hace el rival. Es vulnerable". Para tener éxito utilizando este estilo es necesario que todo el equipo se comprometa y juegue de la manera más coordinada posible. Si un elemento no cumple con su función, todo el sistema se desmorona. Dominar este estilo requiere mucho trabajo y a los jugadores del Liverpool les costó bastante jugar al ritmo que les pedía Kloppo. Pero, una vez que es aprehendido, este sistema permite jugarle de igual a igual a equipos con gran poder de ataque, como el Manchester

City de Pep Guardiola. Curiosamente, el haber apodado a su estilo de juego como *heavy metal football* no implica que Jürgen Klopp musicalice sus entrenamientos con Metallica, AC/DC, Judas Priest o Black Sabbath. Si bien es cierto que Kiss ocupa un lugar muy importante en su discografía personal —alguna vez dijo que, de niño, lo impresionó la lengua larga del Gene Simmons—, al tope de sus preferencias están Los Beatles y Génesis, la banda de Peter Gabriel y Phil Collins. Ahora bien, esto no quiere decir que el fútbol y el *rock* pesado no hayan tenido puntos de encuentro en alguna oportunidad, sino más bien todo lo contrario.

***

AC/DC es una de las grandes bandas de la historia le pese a quien le pese. Desde 1973 a esta parte, se han mantenido vigentes sin alterar su esencia y millones de fanáticos los amamos por eso. Sus detractores —resulta increíble pensar que los tienen, pero por suerte no son tantos— los acusan de ser un grupo con nula búsqueda artística, que no saben producir otra cosa que *rock* duro de estadios y cuyas únicas temáticas son el reviente y el sexo. Por ejemplo, en *She's got the Jack* hacen claras referencias a una enfermedad venérea, mientras que *You shook me all night long* habla de manera velada sobre la eyaculación precoz —"She told me to come, but I was already there"—. Para un sector de la prensa especializada, AC/DC no merece el reconocimiento porque no evolucionaron como Los Beatles, no compusieron álbumes conceptuales como Pink Floyd o no se volaron temprano la tapa de los sesos como Kurt Cobain. Pero como sucede con aquellos jugadores que son idolatrados por la hinchada, lo que digan los periodistas importa relativamente poco. Los buenos momentos compartidos nunca se olvidan.

El mayor logro de la banda de los hermanos Young es precisamente seguir haciendo lo mismo de siempre, sin caer presos de las modas o las presiones de la industria. Ahora bien, que la banda no haya evolucionado ni un ápice en estas cinco décadas de carrera no significa que lo suyo haya sido pan comido. Como ellos mismos lo dicen en *Its a long way to the top (If you wanna rock n' roll)*, detrás de su éxito hubo mucho trabajo arduo, mucha disciplina al mejor estilo de Osvaldo Zubeldia o Carlos Salvador Bilardo. En este caso, el entrenador de AC/DC fue George, hermano mayor de Angus y Malcolm y músico como ellos. El más grande de los Young ya había conocido el éxito de manera efímera tanto en Australia como en el Reino Unido con su banda The Easybeats, un grupo que fue bautizado en su momento como "los Beatles australianos" y que tuvieron un *hit single* con *Friday on my mind*. Durante gran parte de la historia de AC/DC, George Young ha sido el sexto miembro, la mente maestra detrás de las mentes maestras. Él les enseñó a sus hermanos a tocar la guitarra y los aconsejó durante los comienzos para que no tomaran las mismas malas decisiones que él tomó durante sus pocos minutos de fama. George fue quien produjo sus primeros discos, logrando canalizar la electricidad de su hermano pequeño Angus —ese mismo que siendo menor de edad conseguía entrar a los *shows* de los Easybeats haciéndose pasar por un enano— para transformarlo en uno de los mejores guitarristas de la historia (solía decir que Angus podía realizar grandes piezas de *jazz*, pero que a ellos no les interesaba que tocara eso). George también modeló a Malcolm para que, con sus *riffs*, construyera una pared en la que su hermanito pudiera dibujar con su virtuosismo a gusto y placer. Y por si fuera poco, hizo de bajista durante la grabación de algunas de las canciones.

De más está decir que George, Malcolm y Angus han sido siempre los únicos miembros de la banda realmente imprescindibles. Ni siquiera la muerte del gran Bon Scott en 1980 afectó la carrera del grupo. Tras su deceso, y ya con Brian Johnson ocupando el lugar de vocalista, AC/DC editó *Back in black*, uno de los álbumes icónicos de la década de los ochenta y su trabajo más exitoso —llegó a conseguir el disco de uranio, galardón solo otorgado a aquellos discos que lograron vender 50 millones de copias—. Para demostrar el peso específico del triunvirato Young bien vale repasar la leyenda urbana que asegura que la colaboración de Johnson en la composición de *You shook me all night long* fue nula y que el autor real de la letra era —como históricamente había sido con los grandes éxitos del grupo— el propio Scott. ¿Y por qué hacer eso? Simplemente para no pagarle nada a la familia del fallecido cantante. Si esto resulta ser cierto, uno bien puede suponer que el primer cantante del grupo ha sufrido un destrato incluso mayor. Dave Evans estuvo en AC/DC solo once meses durante ese primer año de vida en el que la agrupación estaba tratando de encontrar su verdadero sonido. Su mala relación con los hermanos Young, en especial con Malcolm, fue lo que propició su salida en 1974 tras solo grabar el single *Can I sit next to you, girl*? y aunque inmediatamente después disfrutó de cierto éxito en Australia como cantante de la banda Rabbit, nunca estuvo ni cerca de conseguir la masividad que lograron sus excompañeros. Aunque muchos del entorno de la banda aseguran que AC/DC nunca lo hubiese logrado con Evans como *frontman*, todavía quedan algunos que los vieron durante su primer *show* en el club nocturno de Chequers en Sidney durante la noche de Año Nuevo de 1973 y aseguran que el grupo nunca sonó tan rudo como en ese momento. Sea como sea, con los años, Evans se las arregló para seguir explotando su condición de exmiembro, aun pese al desprecio de los Young —Malcolm llegó a decir que "la banda empezó realmente el día en el que le pegamos una patada en el culo"—. A diferencia de Tony Currenti —quien fue el baterista cesionista durante la grabación de *High voltage* (1974) y desde el 1979 se dedica a atender su pizzería en Sídney— Dave Evans realiza giras por todo el mundo cantando sus canciones solistas, pero también los grandes éxitos de la banda. En uno de sus tantos viajes, el cantante hizo escala en Argentina durante el año 2018 para tocar en distintos puntos del Conurbano Bonaerense junto a un grupo de músicos oriundos de Lomas de Zamora con los que se presentó bajo el nombre de Dave Evans and The Rat Pack. En uno de esos eventos que dieron en Adrogué había, entre el público, dirigentes del Club Atlético Temperley, quienes invitaron al músico a presenciar un partido. El vínculo entre el Gasolero y el cantante se mantuvo durante el tiempo y, en 2021, nuevamente Evans se dio una vuelta por el Estadio Alfredo Beranger para recibir una camiseta y su carnet de socio honorario del club. Incluso llegó a tocar en el bufé del club.

La relación de AC/DC con el fútbol no se limita solo a Evans. Tanto los hermanos Young como Bon Scott eran oriundos de Escocia —como muchos en los sesenta, sus familias migraron hacia Australia en búsqueda de nuevas oportunidades y un clima más cálido— y por sus venas corría el amor hacia el Glasgow Rangers, uno de los cuadros más importantes de su país de origen. Hay registros de los hermanos tocando en vivo usando la camiseta de los *gers* y ambos han sido vistos en el estadio del club más de una vez. Además, establecieron una relación de amistad con Alistair *Ally* McCoist, uno de los futbolistas legendarios del club, quien es un gran fanático de la banda. Malcolm en particular estuvo presente en el Ibrox Stadium el día en que el club ganó la liga en la temporada 2009/10 y luego fue invitado por el cuerpo técnico a celebrar con el equipo el que sería uno de los últimos títulos antes de la quiebra de 2012 que obligó al Rangers a jugar en la cuarta categoría. Ese día, Ally McCoist, por ese entonces ayudante de campo de Walter Smith y luego su sucesor en el cargo, no podía ocultar la alegría de estar cerca de uno de sus ídolos: "La primera vez que vi a AC/DC fue en 1977, en el Apollo. No tienes idea de lo que esto significa para mí. Es una locura poder conocer a Malcolm y tenerlo aquí el día en el que conseguimos un nuevo título de liga". Para entender la importancia de McCoist para el Rangers, bien vale recordar una anécdota de su etapa como actor. A principios del nuevo milenio, el atacante escocés tuvo uno de los roles principales en la película "*A shoot of glory*" donde Robert Duvall personificaba al entrenador de Kilnockie FC, un ficticio club de la Segunda División escocesa que debía lidiar con Jackie McQuillan, el engreído nuevo fichaje estrella y exesposo de su hija. Antes del comienzo de la filmación, McCoist, quien era el encargado de darle vida a McQuillan, intentó cambiar un detalle de la historia que él creía importante: su personaje era exjugador del Celtic. Por todos los medios intentó convencer al director Michael Corrente de que modificara el guion y así evitarse tener que vestir los colores de los *hoops*. Ante la negativa de Corrente, Ally optó por ponerse una camiseta del Rangers debajo de la del Celtic cada vez que debió filmar una secuencia de juego. Años más tarde admitió que hizo esto para que "su piel no se contaminara".

Otro de los miembros de AC/DC con un vínculo fuerte con el fútbol es Brian Johnson. Nacido en el norte de Inglaterra, más precisamente en el condado de Durham, Johnson ha sido a lo largo de su vida un gran fanático del Newcastle United y durante su juventud se le podía encontrar en las gradas del St. James Park alentado a su equipo. Aunque ya tenía cierta fama como cantante de la banda Geordie, Brian realmente se transformó en una estrella del *rock* cuando reemplazó a Bon Scott en 1980 (cuentan que llegó una hora tarde a la audición con AC/DC). A partir de ese momento, su condición de hincha reconocido hizo que miembros de la directiva del club intentaran convencerlo para que invierta en el Newcastle de la misma manera que Elton John lo había hecho con el Watford. El intermediario en toda esta operación fue Jackie Milburn, vieja gloria de las urracas que fue tricampeón de la FA Cup en los cincuenta. Al principio, el cantante de AC/DC se mostró interesado en replicar la experiencia de Sir Elton —el Newcastle estaba jugando en el ascenso y las finanzas del club no eran buenas—, pero finalmente desistió porque sería muy difícil estar en el día a día mientras andaba de gira con una de las bandas más importantes del planeta. Además, la idea de sumarse como vicepresidente de la escuadra no le terminaba de cerrar. Cuando años más tarde le preguntaron sobre este frustrado desembarco en el club de sus amores, Johnson aseguró que quienes dirigían los destinos de la institución por ese entonces estaban

más interesados en su dinero y la publicidad que en las ideas que él podría aportar como miembro de la directiva.

***

Otro caso de fuerte filiación futbolera es el de Ian Gillan, cantante de Deep Purple. Gillan, quien, además, se dio el lujo de ser durante un tiempo vocalista de Black Sabbath, debe su amor por el Queens Park Rangers a su padre, Bill, quien desde los seis años lo llevaba a las gradas del estadio Loftus Road. En los sesenta, el joven Ian disfrutó de una etapa gloriosa para su club, el cual consiguió dos ascensos de manera consecutiva, pasando de Tercera División a la Primera, categoría en la que nunca antes había jugado. El punto culmine de QPR en esos años se vivió en 1967, cuando el equipo, que todavía estaba en Tercera, sorprendió a toda Inglaterra al coronarse campeón de la Copa de Liga 1966/67 tras derrotar al West Bromwich Albion en la final disputada en el mítico estadio de Wembley. En este electrizante partido el Queens Park, que al término del primer tiempo perdía 2 a 0, consiguió revertir el marcador en el complemento gracias a los goles de Roger Morgan, Rodney Marsh y Mark Lazarus. Entre los miles de fanáticos del QPR que llenaron las gradas de Wembley y no podían dar crédito al milagro que acababan de presenciar, también estaba Gillan, quien se quedó ronco de tanto gritar y tuvo que suspender un *show* de Episode Six —su primera banda— programado para los días siguientes. En 1969, Ian se unió a Deep Purple en reemplazo de Rod Evans, el primer cantante del grupo, dando inicio a una etapa muy prolífica para la banda. Convencidos de que la voz de Evans no iba con el estilo *hard rock* que el guitarrista Ritchie Blackmore quería imprimirle a la agrupación, sus futuros compañeros se decidieron por Ian después de verlo tocar en un *pub* junto a Episode Six. Su primera etapa con Deep Purple apenas duró hasta 1973. Su renuncia se debió a la intensa actividad a la que fue sometido esos años, aunque también pesaron sus problemas con el alcohol y la relación cada vez más tensa con Blackmore, el cerebro creativo de la banda. Aun así, en esta primera etapa le alcanzó para estar presente en *Machine head* (1971), el álbum de Purple más exitoso a nivel comercial y que incluía el *hit Smoke on the water*. Tras su salida, Gillan pasó un tiempo retirado para luego volver a los escenarios, primero como solista y, en 1983, como cantante de Black Sabbath, en reemplazo de Ronnie James Dio. Aunque su etapa como vocalista del grupo oriundo de Birmingham también fue breve, el cantante se dio el lujo de grabar el álbum *Born again* y realizar una gira por Norteamérica y el Reino Unido. A principios de los ochenta, la idea de volverse a juntar con sus compañeros de Deep Purple ni siquiera se le pasaba por la cabeza. Su relación con Ritchie Blackmore era inexistente y sus energías estaban puestas en Gillan, su proyecto solista. Curiosamente, fue durante un concierto con su banda cuando la posibilidad de volver a Deep Purple comenzó a gestarse, y todo por culpa Rodney Marsh. Su gol en la final de la Copa de la Liga 1966/67 —a la postre el único título del club— lo transformó en un ídolo indiscutido de la hinchada del QPR y cuando dejó el club en 1973, lo hizo por la puerta grande. El tiempo de Marsh en el club coincidió con la etapa de Ian como vocalista en Deep Purple y a partir de ese momento ambos tejieron una afectuosa relación cimentada por la admiración mutua. En 1981, Marsh fue a ver a la banda de su amigo que tocaba en el Hammersmith Odeon y tras el *show* ambos fueron a comer a un restaurante. Durante la sobremesa, Gillan le preguntó a su amigo su opinión sobre el concierto y este respondió sin tapujos: "Suenan bien, me gustó mucho. Pero no tanto como Deep Purple. Deberías volver con ellos". Lejos de tomarse mal la sugerencia del antiguo delantero del QPR, Gillan admitió que había pasado mucho tiempo y no sabía bien como estaban las cosas entre él y el resto de la banda. Con las palabras de Marsh aun dando vueltas por su cabeza, al día siguiente el cantante llamó por teléfono a Jon Lord, el histórico tecladista del grupo, para contarle la charla que había tenido la noche anterior.

Tras la salida de Gillan, Deep Purple continuó con David Coverdale —futuro cantante y líder de Whitesnake— como vocalista y, aunque siguió siendo una de las bandas más convocantes de la época, los problemas internos aun persistían. Tras la salida de Blackmore en 1975, la tragedia sobrevino con la muerte por sobredosis del guitarrista Tommy Bolin. A partir de ese momento, Deep Purple entró en un *impasse* de varios años en los que sus miembros se concentraron en otros proyectos, (Rod Evans aprovechó esa pausa para usar el nombre de la banda y salir de gira por Estados Unidos, situación que terminó en los tribunales de justicia). La charla entre Gillan y Lord fue la primera de varias conversaciones que tuvieron los miembros de Deep Purple. La vuelta no fue algo que se dio de la noche a la mañana, sino que fue un largo proceso en el que las viejas disputas, sobre todo entre Ian y Ritchie, debieron ser saldadas antes de siquiera volver a pensar en juntarse a tocar. Finalmente, en 1984 Ian Gillan, Ritchie Blackmore, Jon Lord, Ian Paice y Roger Glover —la formación preferida por los fanáticos— pudieron volver a estar todos juntos en una misma habitación sin matarse y grabaron *Perfect strangers*, el tan ansiado regreso discográfico de Deep Purple. Lamentablemente, la buena onda entre Gillan y Blackmore no duró mucho y para 1989 otra vez el cantante fue despedido de la banda. Aunque retornó a la formación en 1992, la paz entre ambos solo duró unos meses y, para 1993, Blackmore decidió ser él quien abandonara Deep Purple para siempre. A partir de allí, Ian Gillan pasó a ser la cara principal del grupo que, aun ya entrados en la vejez, siguen en actividad constante. Casualmente, en una de las visitas de Deep Purple a nuestro país en 2011, Gillan declaró su amor incondicional por Alejandro Faurlín, un centrocampista argentino que llegó al QPR en 2009 y fue vital para que el equipo consiguiera el ascenso a la Premier League en 2011. Incluso llegó a ponerlo por encima de Lionel Messi y Carlos Tévez en cuanto a su gusto personal.

***

Al igual que sucedió con Gillan y el QPR, el amor de Robert Plant por el Wolverhampton Wanderers fue alimentado por su padre, Robert. Cuenta el propio cantante de Led Zeppelin que su primer recuerdo vinculado al fútbol fue cuando lo llevaron a un partido en el Molineux, el estadio de los *wolves*. El niño de tan solo 5 años quedó fascinado con el bullicio producido por los miles de hinchas que vitoreaban a los muchachos de naranja y en especial por el afectuoso saludo que recibió por parte de Billy Wright. Para nosotros quizás ese nombre no diga mucho, pero en tierras inglesas Wright es considerado una leyenda del balompié. Entre 1939 y 1959, este defensor disputó más de 541 partido defendiendo los colores del Wolverhampton —hay una estatua suya en las afueras del estadio— y, además, fue el primer futbolista en llegar a los 100 partidos con Inglaterra. Incluso se dio el lujo de capitanear a los Three Lions durante las Copas del Mundo 1950, 1954 y 1958. Ese simple gesto selló el pacto de amor eterno entre los *wolves* y aquel niño pequeño que crecería para transformarse en uno de los vocalistas de *rock* más importantes de la historia. Desde ese día, Plant estuvo en las gradas alentado a su equipo cada vez que pudo. Esta fidelidad, sin embargo, no siempre fue retribuida con buenos resultados.

Fundado en la ciudad de Wolverhampton en 1877 con el nombre de St. Luke's FC —adoptó su nueva identidad en 1879 tras fusionarse con el club de *cricket* local—, los *wolves* son uno de los equipos con más historia en el fútbol inglés y fueron miembros fundadores de la *football league* en 1888. Si bien consiguieron algunos éxitos en la FA Cup a finales del siglo XIX y principios del siglo XX, el momento más glorioso de la institución fue durante la gestión del mánager Stanley Cullis, que se extendió desde 1948 hasta 1964. Con Cullis sentado en el banquillo —un hombre de personalidad fuerte que se negó a hacer el saludo nazi durante un partido entre Alemania e Inglaterra disputado en la ciudad de Berlín en 1938— Wolverhampton se transformó en uno de los mejores *teams* de Inglaterra, consiguiendo la liga en tres ocasiones (1953/54, 1957/58 y 1958/59) y dos FA Cup (1949 y 1960). También fue de los primeros cuadros de la isla en tener torres de iluminación nocturna, realizando amistosos internacionales contra otros equipos europeos de primer nivel. Estos encuentros disputados entre 1953 y 1956 fueron vitales para que UEFA finalmente se decidiera a poner en marcha las competencias continentales entre clubes. Aunque los *wolves* perdieron la categoría en 1965 —Cullis fue despedido a mitad de temporada, pero eso no evitó la caída a segunda por primera vez desde 1932— para 1967 ya estaban nuevamente en la liga de elite, esta vez con Bill McGarry como mánager. Aunque la bonanza se extendió durante los setenta con dos Copas del Liga, la década siguiente fue una pesadilla para los hinchas. Una desastrosa gestión financiera hundió a la escuadra en una crisis terminal que provocó tres descensos de manera consecutiva. Seguramente, fue por esta razón que Robert Plant declaró una vez que ir a ver al Wolverhampton Wanderers es casi como practicar el masoquismo: "Sé muy bien que lo que yo hago cada sábado me transforma en una especie de masoquista. Es lo más parecido a tirarte debajo de un autobús todos los fines de semana, pero no lo puedo evitar. Supongo que es como una religión".

Como muchos otros roqueros ingleses, las primeras influencias de Plant remiten a Elvis Presley. Cuando la pelvis del Rey del Rock comenzó a escandalizar la moral y las buenas costumbres cristianas, tanto en Norteamérica como al otro lado del Atlántico, Robert era apenas un niño de escuela primaria y, aunque no entendía bien el *sex appeal* de Elvis y porque las chicas perdían la cabeza por él, sabía que allí había algo digno de su atención. Con solo 10 años, el muchacho se pasaba las tardes escuchando en la radio las canciones e imitaba los eclécticos movimientos del Rey. Elvis fue la puerta de entrada para un universo mucho más amplio que incluía a Buddy Holly & The Crickets y Eddie Cochran, pero también a los viejos bluseros del Delta del Mississippi como Willie Dixon, Robert Johnson, Bukka White, Skip James o Sleepy John Estes. Aunque primero se interesó por la guitarra, el joven Plant rápidamente entendió que lo suyo era cantar y, a mitad de

su adolescencia, decidió que la gris educación formal inglesa de principios de los sesenta no tenía nada que ofrecerle. A los 17 años se fue de su casa y comenzó a insertarse en el creciente circuito del *blues* local.

La gran oportunidad de Plant llegó en 1968. Los Yardbirds fueron un grupo de *rock* y *blues* inglés formado a principios de los sesenta que tuvo como miembros, entre otros, a los guitarristas Eric Clapton y Jeff Beck (no de manera simultánea) y, aunque no tuvieron un suceso comercial masivo —se disolvieron a finales de la década—, fue un trampolín para la carrera de estos virtuosos violeros. Tras la salida de Clapton en 1964 para unirse a la banda de John Mayall, el puesto de guitarrista principal le fue ofrecido a Jimmy Page, que lo rechazó para proseguir con su exitosa carrera de músico de estudio —grabó con artistas de la talla de Joe Cocker, los Rolling Stones, The Who o Van Morrison y en su lugar entró Jeff Beck. Sin embargo, en 1966, Page sí se uniría a los Yardbirds, pero en calidad de bajista (finalmente también sería primera guitarra cuando Beck dejó el grupo ese mismo año). Diferencias creativas entre los miembros de los Yardbirds pusieron fin al grupo poco tiempo antes de un *tour* por Escandinavia. Por esta razón, Page debió salir de urgencia a reclutar un cantante, un baterista y un bajista. Aunque su primera opción como vocalista fue Terry Reid, este rechazó el ofrecimiento y sugirió que fuera a ver a Robert Plant, que en ese entonces era parte del grupo Band of Joy. Jimmy era cinco años mayor, era introvertido y aún vivía con sus padres, que apoyaban sin reparos la carrera musical de su hijo, mientras que Robert tenía una personalidad avasallante, se había ido de su casa pegando un portazo a los 17 años y, al poco tiempo de haber cumplido 20, ya estaba casado. Sin embargo, ambos congeniaron desde el primer momento. Como bajista, Page llamó a John Paul Jones, otro renombrado músico cesionista, y detrás de los parches se sentó el baterista John Bonham. Bonzo llegó al grupo por sugerencia del propio Plant, que lo conocía del circuito musical de los bares y sabía de sus dotes. La oferta laboral no podría haber llegado en mejor momento para Bonham, quien por ese entonces vivía en una casa rodante en el patio trasero de la residencia de sus padres junto a su esposa y su hijo pequeño. Pese a que comenzaron tocando bajo el nombre The New Yardbirds, finalmente adoptaron la sugerencia de Keith Moon, el mítico baterista de The Who. Led Zeppelin había nacido. Apoyados en grandes composiciones como *Whole lotta love*, *Ramble on*, *Inmigrant song*, *Black dog* y *Stairway to heaven*, a la banda le tomó solo tres años convertirse en uno de los actos más convocantes de la escena musical a nivel mundial. De hecho, con 37 millones de copias vendidas, su cuarto álbum *Led Zeppelin IV* (1971) sigue siendo hoy uno de los discos más vendidos de la historia.

La fama repentina cambió la vida de los integrantes de Led Zeppelin. De ser prácticamente desconocidos —a excepción de Page— y, en el caso de Bonham, vivir en el patio trasero de sus padres, estos músicos pasaron a ser multimillonarias estrellas de la música que, a donde sea que iban, estaban constantemente rodeados por fanáticos. Curiosamente, el momento en el que la banda se elevó hacia lo más alto del Olimpo del *rock* coincidió con los últimos días realmente felices para los hinchas del Wolverhampton. En la temporada 1971/72, los *wolves* llegaron a la final de la Copa UEFA, donde se enfrentaron al Tottenham Hotspur de Bill Nicholson, el hombre que más títulos puso en las vitrinas de los *spurs*. La derrota 2 a 1 en el partido de ida disputado en el estadio Molineux prácticamente selló el destino de la serie y, en la vuelta, al Tottenham solo le bastó con empatar 1 a 1 para quedarse con el trofeo. Pese a este traspié, los chicos entrenados por Bill McGarry tuvieron su revancha en 1974 cuando el Wolverhampton Wanderers se quedó con la Copa de la Liga de ese año tras derrotar en la final al Manchester City. Esa tarde de mayo en la que los *wolves* le arrebataron el título al City de Collin Bell, Rodney Marsh y el escocés Denis Law, Robert Plant estaba en las tribunas del Estadio de Wembley y, según su propio relato, no volvió a casa por 72 horas:

> "Cuando ganamos la Copa de la Liga en 1974 tardé tres días en volver a casa. En ese tiempo, no tengo ni la más remota idea de donde estuve. Solo recuerdo que todo el plantel del Wolverhampton recibió una distinción por parte del alcalde de la ciudad, y yo los acompañé por espacio de dos o tres minutos".

Maureen, la esposa de Plant, obviamente no estuvo muy feliz de verlo cuando volvió a su casa tras aquellas jornadas de caravana futbolera y muchos señalan que el desmedido amor de Plant por su club fue una de las varias causas que propició su divorcio en 1983. En esos días el mismo Robert admitió que algo de eso hubo y dijo que, de no ser por los *wolves*, probablemente

estaría cuidando de tres niños, cinco nietos y muchas mujeres satisfechas.

La pasión de Robert Plant por su club no solo se limita a lo que sucede dentro del *field*. Para él, nada se compara con el hecho de estar en la tribuna rodeado de hinchas, ser solo uno más de los miembros de la tribu que acude al campo de batalla para vitorear a aquellos guerreros que tienen el honor ponerse la camiseta:

> "Cuando voy a la cancha y me encuentro rodeado de 15 000 hinchas suelo pensar que, en cualquier otro lugar del mundo, necesitaría un guardaespaldas. En el estadio Molineux no es necesario. Allí soy uno más y puedo terminar sobre los hombros de un perfecto desconocido".

Pese a su éxito profesional, a finales de los setenta la vida de Plant era un completo desastre. La muerte de su pequeño hijo, Karac, en 1977, fue un golpe terrible para el cantante y la banda, por lo que inmediatamente detuvieron su gira por Estados Unidos. El vocalista cayó en una profunda depresión y se recluyó por bastante tiempo en su hogar. Además, dentro del grupo las cosas tampoco iban bien y la relación de Plant y Bonham con Jones y Page se había vuelto cada vez más distante. De hecho, durante la etapa más dura del duelo por la muerte de Karac, fue Bonzo quien pasaba casi a diario por la casa de su amigo para confortarlo, aun cuando este no estaba en condiciones de darle seguridad y confort a nadie debido a su recaída en la heroína. Una de las primeras cosas que hizo Plant para salir del pozo en el que se encontraba fue producir un *single* de una pequeña banda punk llamada Dansette Damage. Para evitar que todos los focos se posaran en él, pidió aparecer en los créditos con el seudónimo Wolverhampton Wanderers. Pese a que eventualmente Led Zeppelin volvió a las giras y a los estudios de grabación —en 1979 editaron *In through the door out*— el destino de la banda ya estaba sellado. John Bonham cada vez tenía menos control sobre sus adicciones y, durante un *show* en Alemania, tuvo que ser llevado de urgencia al hospital tras haber colapsado en medio de una canción. Todo un presagio de lo que sucedería tiempo más tarde. Para finales de año, Led Zeppelin tenía planeado una gira por Norteamérica, pero la muerte sorprendió a Bonzo el 25 de septiembre, tras consumir 40 dosis de vodka y morir mientras dormía. Tenía solo 32 años y su deceso marcó el fin de la banda.

Los ochenta encontraron a los miembros supervivientes concentrados en sus proyectos solistas, aunque circunstancialmente se volvería a juntar varias veces para tocar en eventos benéficos. En cuanto a Robert Plant, su pasión por el fútbol siguió intacta y se la transmitió a su hija, Carmen. De hecho, en alguna ocasión ambos quedaron en medio de los enfrentamientos entre hinchas de los *wolves* y fanáticos del Middlesbrough durante una visita al Ayresome Park. Esos años serían muy duros para los hinchas del Wolverhampton debido a las malas gestiones que sumieron al club en una crisis económica y deportiva perpetua. Para 1986, estaban jugando en la Cuarta División del fútbol inglés y las deudas ahorcaban las finanzas del club, por lo que varios miembros de la directiva se acercaron a Plant para invitarlo a colaborar activamente, pero él se negó porque consideraba que no era su momento, aunque sí asistió al club económicamente. Recién en 2009 aceptó un puesto como vicepresidente honorífico, una especie de relaciones públicas que debe recibir a los invitados VIP en los palcos de la directiva, aunque rara vez se le suele ver por ahí y, cuando lo hace, no va de traje como el resto de los directivos, sino con *jeans,* camiseta y bufanda. La mayoría de las veces, Robert Plant está en las tribunas —como aquella vez cuando tenía 5 años y pudo saludar a Billy Wright— entonando las mismas canciones de cancha que, antes de que empiecen sus recitales, él sale a cantar mientras las luces del recinto se apagan y nadie sabe bien qué está pasando.

***

Cuando Stephen Perry Harris nació el 12 de marzo de 1956 en Londres, Elvis Presley recién entraba en los *charts* norteamericanos y el *rock & roll* apenas comenzaba su revolución cultural. Nada hacía presagiar que este hijo de un camionero y una ama de casa crecería para ponerse al frente del movimiento del *heavy metal* inglés y lideraría una de las bandas más importantes en la historia del género. Aunque a finales de los sesenta y principios de los setenta grupos como Los Beatles, Rolling Stones, The Who o Led Zeppelin alcanzaban su pico creativo y dejaban obras maestras que aún siguen estando vigentes, todavía faltaba un tiempo para que el joven Harris se volcara de lleno a la música. Por su cabeza solo pasaba una cosa: convertirse en jugador profesional del West Ham, el club de sus amores.

Fundado en 1895, los *hammers* tuvieron su primer momento de gloria en los años sesenta cuando la institución conquistó la FA Cup 1964 y la Recopa de Europa 1965 —derrotaron en la final al 1860 Múnich por 2 a 0 con un doblete de Alan Sealey— y fue bautizada por la prensa especializada como la "la academia del fútbol inglés" debido a la cantidad de talentosos futbolistas que salían de sus categorías juveniles. Entre sus alumnos destacados se contaban algunos miembros del seleccionado inglés campeón de la Copa del Mundo 1966, como el capitán Bobby Moore, Martin Peters y Geoff Hurst. De esa prestigiosa escuela de fútbol formó parte, durante algún tiempo, un joven Harris, quien, a la par de sus entrenamientos en el club, también jugaba en otros equipos de clubes barriales. Su descubridor fue un famoso *scout* del club llamado Wally Serpa y por varios meses todo parecía indicar que la vida de Steve iba a estar enfocada completamente en el balompié, pero pronto su incipiente amor por la música comenzó a generar una contradicción en el muchacho de 15 años. Como él mismo admitiría muchos años después, su carrera como aspirante a futbolista comenzó relativamente tarde —fue descubierto a los 14— y a esa edad ya comenzaba a sentir la típica curiosidad adolescente por los placeres adultos:

> "A esa edad yo lo que realmente quería era tomarme una cerveza y conocer chicas, algo que no se mezcla muy bien con el fútbol. En el club querían que me fuera a dormir temprano y yo solo quería salir hasta tarde y escuchar rock. En un punto, me desilusioné de mí mismo porque yo amo al West Ham y me puso mal no poder comprometerme totalmente con el club de mis amores".

¿Y cómo nació esa pasión desmedida por el club? Según contó el propio líder de Iron Maiden en una entrevista, su primer partido fue en 1965, cuando solo tenía 9 años y se escapó junto con un amigo hacia el Boleyn Ground para ver a los *hammers* derrotar por 4 a 3 al Newcastle United. Ese día quedó enganchado para toda la vida.

Pese a los sentimientos encontrados, Harris pronto entendió que lo suyo era la música. Aunque intentó con la guitarra e incluso tomó lecciones, con el tiempo se volcó de lleno al bajo,

aprendiendo de oído y tocando temas de Genesis, Jethro Tull y Black Sabbath. Sus primeras experiencias como bajista fueron en Gipsy's Kiss, un grupo conformado junto a algunos compañeros de escuela que no eran muy buenos, pero que le permitieron comenzar a experimentar el estilo de vida de ese roquero que pretendía ser. Su siguiente banda fue Smiler, un grupo de gente algunos años más grande que él y que eran mucho mejores musicalmente hablando. Allí pulió su acto, pero pronto entendió que no tendría mucho futuro con ellos debido a que sus compañeros rechazaban todas sus composiciones porque tenían muchos cambios de ritmo. Finalmente, para la navidad de 1975, Steve Harris formó Iron Maiden con Paul Day como vocalista, los guitarristas Terry Rance y Dave Sullivan y el baterista Ron Rebel. Durante los primeros años en los que el grupo buscaba su sonido y realizaba giras a lo largo y ancho de Inglaterra, los integrantes del mismo fueron cambiando, pero el único inamovible fue Harris. A finales de los sententa, el punk se había apoderado del país con los caóticos Sex Pistols a la cabeza del movimiento y el *rock* venía de capa caída. Aunque muchos ejecutivos de discográficas le sugirieron cambiar el estilo e incluso vestirse como Johnny Rotten, Steve Harris se mantuvo firme en su prédica. Después de grabar dos discos con Paul Di'Anno como vocalista —*Iron Maiden* (1980) y *Killers* (1981)— hizo su ingreso en la banda Bruce Dickinson, factor crucial para lograr el éxito. En marzo de 1982, la nueva formación —que ya incluía al guitarrista Dave Harris— editó *The number of the beast*, un álbum que incluía "Run to the hills" y aún hoy es considerado por la crítica especializada como uno de los mejores discos de *heavy metal* de la historia.

¿Había lugar para el fútbol dentro de Iron Maiden? Claro que sí. Aunque lo más importante era saber tocar, ser un buen jugador de fútbol siempre era un aliciente para Harris a la hora de escoger los miembros de su banda. Por ejemplo, cuando el guitarrista Janick Gers ingresó en 1990 en lugar de Adrian Smith, en la mente de Steve no solo pesó el amor que su nuevo compañero le tenía al grupo, sino también sus dotes futboleras. En más de una oportunidad, el equipo que habían formado los Maiden se midió ante algunas de las agrupaciones en las que Gers tocaba —fue líder de White Spirit y tocó en la banda de Ian Gillan durante su etapa solista— y el violero demostró ser un eximio guardameta. De hecho, en una oportunidad jugó tan bien en contra de Harris que, a la hora de darle el trabajo, Steve admitió que todavía le duraba el enojo y que en un momento pensó en rechazarlo porque, cuando se enfrentaron en el *field*, el arquero/guitarrista le

había atajado pelotas imposibles. Su ingreso en Iron Maiden significó para Janick Gers cumplir un sueño personal, pero también cambiar de puesto en los picados para no poner en riesgo sus virtuosas manos. A partir de ese momento, el violero oriundo de Hartlepool pasó a jugar de delantero. Durante los ochenta, Harris y compañía aprovecharon sus múltiples actuaciones en festivales para medirse ante rivales de la talla de Deep Purple, Def Leppard o Scorpions. Aunque los años han pasado para todos y las piernas se cansan más rápido que antes, la tradición futbolera de jugar en la previa de los shows sigue vigente, aunque los rivales hoy sean otros. De hecho, hace unos años durante un festival en Brooklyn, Harris se había quedado corto de jugadores —sus compañeros de British Lions, su proyecto alternativo, prefirieron irse a tomar cerveza— y no tuvo mejor idea que invitar a jugar a Dave Grohl y Taylor Hawkins. Curiosamente, y pese a haber nacido y crecido en Warren, Ohio, el exbaterista de Nirvana y hoy líder de Foo Fighters se ha declarado fanático del West Ham al igual que Steve Harris. Y cuando no hay otras bandas para jugar, Iron Maiden no tiene problemas de medirse contra cualquiera que les preste desafío, incluso si se trata de equipos profesionales. Por ejemplo, en 2019 la banda estuvo de gira por Norteamérica y en la ciudad canadiense de Edmonton jugaron ante el representante de la ciudad en la Canadian Premier League, el FC Edmonton. Algo similar sucedió durante su primera visita a la Argentina en 2002, cuando Maiden se enfrentó a un equipo local liderado por el Norberto *Ruso* Verea. Nacido en Gerli y con una larga carrera en el fútbol de ascenso argentino —jugó en Chacarita Juniors, Argentino de Quilmes, Deportivo Español y Talleres de Remedios de Escala, club con el que salió campeón del Torneo de Primera C de 1978—; tras su retiro, Verea se dedicó, entre otras cosas, a la venta de discos y la radio. Fanático del *rock*, y en especial del *heavy metal*, en los años de gloria de la FM Rock & Pop condujo junto a Alejandro Nagy el programa Heavy Rock & Pop y, aunque más adelante se decantó por el periodismo deportivo, sigue siendo un referente a la hora de hablar del género. Su relación con los Maiden comenzó durante una entrevista que le hizo a Bruce Dickinson durante la primera visita de la banda —convenció al cantante de firmar autógrafos toda la tarde para evitar que 400 fanes invadieran el estudio de la radio— y en cada oportunidad que la agrupación inglesa tocó suelo argentino, el Ruso estuvo allí. Ahora bien, no siempre el fútbol ha sido motivo de alegrías para la agrupación y, en al menos una oportunidad, a Harris le trajo serios problemas. Todo sucedió a principios de los ochenta, cuando Iron Maiden recién estaba comenzando a ganar notoriedad y la mayor parte del tiempo se la pasaban girando a lo largo y a lo ancho de Inglaterra. Durante un recital en Newcastle, el por entonces vocalista Paul Di'Anno no tuvo mejor idea que empezar a burlarse del equipo local, el Newcastle United. En ese entonces, Paul comenzaba a tener serios problemas con el consumo de drogas y alcohol y Steve ya empezaba a plantearse seriamente reemplazarlo, algo que finalmente hizo después de una gira por Japón. Aunque el resto de la banda ya se había acostumbrado a su comportamiento errático, ese día se fue todo de las manos debido a las provocaciones constantes de Di'Anno entre canción y canción. Tal es así que la banda no pudo terminar su set y debieron huir del recinto raudamente.Como bien se habrá dado cuenta el lector, para la dinámica interna de Iron Maiden el fútbol es un asunto de vital importancia. Ya sea promocionando el disco *Virtual XI* (1998) con una serie limitada de camisetas y la creación del Iron Maiden FC —escuadra ficticia integrada por los miembros de la banda y futbolistas de clase mundial como Paul Gascoigne o el colombiano Faustino Asprilla—, colaborando con su amado West Ham o simplemente jugando un picado contra los *roadies*, Steve Harris vive y respira fútbol. Habrá que creerle entonces cuando dice que en su vida solo le importan tres cosas: su familia, Iron Maiden y los *hammers*.

CAPÍTULO 9

LA MARCHA DEL GOLAZO SOLITARIO: EL FÚTBOL Y EL ROCK NACIONAL

La marcha del golazo solitario fue el nombre que Los Fabulosos Cadillacs eligieron para su multipremiado álbum de 1999, el cual incluyó *hits* como "La vida" y "Vos Sabes" y que fue el último que grabaron antes de entrar en un *impasse* que duró casi una década. Como no podía ser de otra manera, la canción que le da el título al disco es una declaración de amor hacia el deporte rey, en donde Vicentico afirma que, sin importar lo gordos, cansados o rotos —por fuera y por dentro— que estemos, en la cancha de fútbol nos transformamos en aquel jugador de selección que solo fuimos en nuestras fantasías y, al menos por un rato, somos felices: "Nacimos bajo el signo del balón / Del esférico / Disfrazándonos de lo que no pudimos ser". Como es harto sabido, esta no es la única canción del *rock* nacional que hace homenaje al fútbol. *El baile de la gambeta*, de la Bersuit Vergarabat, nace de la fascinación de Gustavo Cordera por la figura de Ricardo Bochini, mientras que *25 estrellas de oro* de Los Twist es una celebración al hincha de Boca Juniors, ese que va a la cancha para gritar por "Los Twist, Gardel y Perón". Por su parte, Attaque 77 le dedicó *Sola en la cancha* a la siempre recordada Raulito, aquella hincha caracterizada del *xeneize* que no tenía problemas en agarrarse a las trompadas con la policía si se volvía necesario y la banda de *heavy metal* Tren Loco plasmó en *El hincha* el sentimiento de los fanáticos que alientan aun cuando el equipo no le gana a nadie y el fantasma del descenso aparece en el espejo retrovisor. Y ni hablar de las decenas de melodías dedicadas a Diego Armando

Maradona, quien más adelante tendrá un capítulo dedicado exclusivamente a su vinculación con el *rock*.

Por su parte, las hinchadas han sabido adaptar los grandes éxitos del *rock* nacional transformándolas en parte integral del cancionero de los estadios. Desde hace años, *Y dale alegría a mi corazón* de Fito Páez musicaliza la obsesión de los clubes por la Copa Libertadores, mientras que *Como te voy a olvidar* de Los Auténticos Decadentes le avisa al clásico rival que en el próximo encuentro la van a pasar muy mal. *Pasos al costado* de Turf, *Mi enfermedad* de Andrés Calamaro o *Murguita del sur* de la Bersuit son otras de las tantas melodías del *rock* que domingo a domingo suenan en las canchas argentinas. Ahora bien, detrás de cada artista también hay un hincha. No es que esto signifique gran cosa a la hora de apreciar su obra, pero quizás nos sirva de algo para entender un poco más su personalidad.

***

No es secreto el fanatismo que Luis Alberto Spinetta tenía por el Club Atlético River Plate. Nacido en 1950, el Flaco se crio en Arribeños 2853, a unas pocas cuadras del estadio Monumental y aunque su padre era de Platense y su madre de Boca Juniors, el pequeño Luis se inclinó por el cuadro Millonario. Quien influyó en esta elección fue un vecino de la cuadra llamado Aureliano José *Machín* Gomezza, un exarquero de las inferiores del club de Núñez que, con el tiempo, se transformó en el masajista del plantel profesional y una suerte de *coach* motivacional. Todos en River apreciaban a Gomezza y para los jugadores muchas veces cumplía el rol de consejero o psicólogo. Tan querido era el *Ñato* que concentraba con el equipo y era el primero en levantarse a cebarles mates a los jugadores. Aureliano, que vivía a unos pocos metros de la casa de Luis, solía recibir visitas de Amadeo Carrizo, Ángel Labruna y Félix Loustau, entre otros jugadores, y más de una vez, el muchacho de 9 años se cruzaba con los integrantes de La Maquinita, el *team* inmediatamente posterior a la recordada Maquina de Adolfo Pedernera, José *Charro* Moreno, Néstor Rossi y Alfredo Di Stéfano, el cual continuó con la tradición ganadora levantando 5 campeonatos locales durante los cincuenta. Cuando Machín se enteró que Spinetta era fanático de River, comenzó a invitarlo a cenar en el club con los jugadores. En el barrio la mayoría de los pibes eran hinchas, pero el masajista solo lo invitaba a él. Esto se debía a la personalidad ocurrente del chico, que ya en ese momento hacía gala de su sentido del humor y su trato amable con todos. Además, y pese a su delgadez, Luis se destacaba como un habilidoso delantero en los picados del barrio.

Pero Machín Gomezza no solo alimentó la pasión futbolera, sino que fue él quien le dio al Flaco su primera guitarra en lo que él mismo denominó como un préstamo por tiempo indeterminado. Fue precisamente con esa guitarra media hecha que Luis Alberto compuso Barro tal vez con tan solo 15 años.

Fue el fútbol también lo que le permitió fortalecer la relación con uno de sus grandes amigos y compañeros musicales. Carlos Emilio del Guercio llegó al barrio procedente de Córdoba —su familia tenía allí un hotel— en 1962, justo a tiempo para empezar el colegio secundario en el mismo establecimiento al que concurría Luis Alberto. Aunque ya habían entablado un vínculo previo durante las horas de clase, fue en uno de los tantos partidos disputados entre los compañeros en donde comenzó una relación cordial que se transformó en amistad: "La primera pelota que agarré en ese partido se la estampé en el medio de la cara a Luisito y me acerqué, le pedí disculpas y a partir de ese sentimiento de culpa se consolidó algo más afectivo entre nosotros". Pronto, los muchachos descubrieron que no solo los unía su pasión futbolera, sino que ambos poseían una vena artística que los llevó a incursionar en talleres literarios y de dibujo e incluso a editar una revista de muy corta duración —tan solo un número— llamada *La Costra Degenerada*.

Como muchos adolescentes de esa época, Luis y Emilio se metieron de lleno en el mundo de la música a través de los Beatles. La primera vez que Spinetta escuchó a los Fab Four fue un momento bisagra en su vida, fue el preciso instante en el que decidió que quería dedicarse a la música. Si bien el contenido de las letras se le escapaba (sabía poco y nada de inglés), el ritmo desatado de los primeros discos de la banda de Liverpool se apoderó de él. Con su desfachatez innata, Luis Alberto comenzó a presentarse a cantar en cuanto lugar le diera espacio y siendo aún un pibe ya registraba alguna aparición en un programa radial, pero el hecho que le permitió formar una de las bandas más importantes de la historia del *rock* nacional fue haber cantado a capela varias canciones de los Beatles en un cumpleaños. Ese día, el amigo de un amigo lo escuchó asombrado y decidió ponerlo en contacto con un muchacho más grande que él. Cuando conoció al chico, Rodolfo García, que tenía 18 años y ya tocaba en una banda llamada Los Larkins, quedó impresionado con su cultura musical, no solo en lo referido a estilos, sino también en cuanto a la terminología propia. A partir de ese momento, Luis se transformó en un miembro honorífico de la banda. Aunque no tocaba, acompañaba al grupo a sus conciertos y cultivaba una gran amistad con García. Fue este último quien hizo fuerza para que Spinetta se transformara en el vocalista y guitarrista rítmico del grupo cuando quedó de manifiesto que el cantante original de esa agrupación tenía mucha voluntad, pero poco talento. Los Larkins fueron el germen de lo que un tiempo más tarde sería Almendra, con el Flaco como guitarrista y voz, Rodolfo García en la batería y la adición de Emilio del Guercio en el bajo y Edelmiro Molinari como violero principal.

Tras alcanzar el éxito comercial en 1969 con *Muchacha ojos de papel* —considerado por muchos como el *Yesterday* del *rock* nacional— Almendra grabó dos discos y decidió poner fin a su historia por la próxima década (se volverían a juntar por un rato a principios de los ochenta), pero Luis Alberto siguió muy activo. Su primer proyecto fue Pescado Rabioso, un trío compuesto, además, por Black Amaya en la batería y Osvaldo Frascino en el bajo (más tarde lo reemplazaría David Lebon). Este grupo que mezclaba *rock* pesado, psicodelia y *blues* rompía con todo lo que Spinetta venía haciendo con su anterior banda y fue uno de los precursores del *hard rock* argentino junto a Pappo's Blues y Billy Bond y La Pesada Rock & Roll, pero la experiencia duró apenas un puñado de años debido a diferencias musicales entre sus integrantes —el tercer álbum de la banda, *Artaud*, es básicamente un disco solista del Flaco—. Esta separación, sin embargo, derivó en la formación de otro grupo con Luis como líder, el trío Invisible. Con esta banda editaría varios discos y una de sus canciones sería vinculada para toda la vida con un ídolo de River Plate.

Norberto *Beto* Alonso fue uno de los jugadores más importantes en la historia del conjunto Millonario. Enganche de zurda prodigiosa, con solo 22 años fue la gran figura y goleador del equipo que se alzó con el Torneo Metropolitano 1975, cortando así una racha de 17 años sin conseguir títulos. Ese sería solo el primero de varios que ganaría con el cuadro de Núñez, entre los que se cuentan la Copa Libertadores 1986 y la Copa Intercontinental de ese mismo año —además, fue campeón de la Copa del Mundo 1978 con la selección nacional argentina—. En 1976, año en el que Beto fue elegido como el segundo mejor futbolista argentino del mundo por el periódico *El Mundo de Venezuela*, Invisible editó su tercer y último álbum, *El jardín de los presentes*. El primer *track* de ese LP fue "El anillo del capitán Beto", un tema que se transformaría en uno de los grandes éxitos del Flaco y que, al mejor estilo de *Yellow submarine* o *Rocketman*, cuenta la historia de un colectivero que decide abandonar la vida mundana y surcar el espacio en una nave de fibra de vidrio mientras se vale de su misterioso anillo para combatir a sus enemigos. Aparte del hecho de que el personaje de esta historia se llama Beto, muchos asociaron que esta canción estaba dedicada a Alonso debido a que, en una de sus estrofas, nos cuenta que el aventurero tiene un banderín de River Plate colgado sobre el tablero. En ese entonces ya se sabía que Spinetta era muy hincha del club —había tocado más de una vez con la camiseta puesta y no era raro verlo en algún picado enfundado en los colores de su corazón— y el Beto Alonso era uno de los *players* más importantes del momento, así que no se le puede culpar al público por hacer esta asociación. Uno de los principales impulsores de este mito fue el conductor Juan Alberto Badía, referente de la radiofonía argentina, promotor incansable del *rock* nacional e hincha fanático de River al igual que el Flaco. La leyenda urbana perduró en el tiempo, aun cuando el propio músico confirmó en más de una entrevista que Norberto Alonso no era el Beto de su canción:

> "Es un mito que ayudó a crear Juan Alberto y está bien que así sea, porque Alonso merece eso y mucho más. Una sinfonía. Una vez estuve con él y le dije la verdad. ¿Cómo le iba a mentir? No se puede gambetear a un 10 majestuoso como él".

Ahora bien, si el capitán Beto no era el jugador de River, ¿quién era? En tiempos de pandemia, el bajista de Invisible, Carlos Machi Ruffino, contó en redes sociales la verdad sobre el misterioso personaje:

> "El nombre se me ocurrió a mí y por supuesto sé quién es el famoso Beto. Cuando buscábamos un título para el tema, Luis decía "el Capitán, que... ¿Qué puede ser?', y yo dije capitán Beto y le encantó. Beto era un chico que era amigo mío. Vivíamos casa por medio en la calle Paraguay, en el barrio de Palermo. Era hijo único y éramos muy amigos. Desgraciadamente, sufrió un accidente, golpeó la cabeza en una pileta de natación y murió".

Misterio resuelto, aunque la gran mayoría todavía elije creer la leyenda.

Esta no sería la única vez en la que una composición del Flaco Spinetta se asoció al fútbol. A finales de los ochenta editó *Tester de violencia*, su octavo disco como solista que incluyó el tema "La bengala perdida". Este álbum fue lanzado inmediatamente después de su colaboración con Fito Páez, "La, La, La", en un momento donde el músico rosarino atravesaba un infierno personal tras el asesinato de su abuela y su tía abuela, sus madres postizas. Golpeado por la pérdida de su amigo —Páez se enteró de la noticia durante un viaje que hizo para promocionar el álbum en Brasil—, Luis Alberto hizo de *Tester...* un disco conceptual. "La Bengala perdida" en particular habla sobre la trágica muerte de Roberto Alejandro Basile, un hincha de Racing Club que fue asesinado en el año 1983 en la cancha de Boca Juniors cuando recibió en el cuello un impacto fatal de una bengala marítima lanzada desde la tribuna local —"Adentro queda un cuerpo / La bengala perdida se le posó / Allí donde se dice gol"—. Cuenta el periodista Sergio Marchi en su biografía sobre el Flaco que la idea de esta canción le llegó a Luis tras un encuentro casual con barras bravas de Talleres de Córdoba. Durante un viaje en tren a la ciudad de Rosario para dar un recital, Spinetta y su banda se cruzaron con los hinchas cordobeses que iban también a la ciudad santafesina para ver a su equipo. Quién reconoció al músico fue el jefe de la barra, que cordialmente interrogó a los músicos sobre dónde iba a ser el recital y les ofreció robar un auto para llegar sin contratiempos al recinto donde iban a tocar. El Flaco agradeció la deferencia, pero rechazó el ofrecimiento. La noche pasó sin demasiadas dificultades, aunque al final del show se desató una lluvia torrencial y la ciudad se quedó sin taxis disponibles. La hinchada de Talleres andaba por ahí y cuando vio que los músicos andaban precisando transporte, salieron raudos a conseguirles unos coches. Dios sabrá qué métodos utilizaron. Cuando Spinetta y su banda abordaron los taxis, el capo de la barra de Talleres se acercó para despedirse y le dijo: "¿Viste que no somos tan malos, Luis? Es por amor a los colores". Esta historia se le clavó en la memoria del músico y decidió fusionar *Pictura* y *Buscando un amanecer*, dos canciones en las que estaba trabajando, para crear *La bengala perdida*.

Como habrá podido comprobar el lector, el creador de *Muchacha ojos de papel*, *Bajan*, *Cheques* y otros tantos clásicos del *rock* nacional era un futbolero de ley. A su fanatismo por River Plate le sumaba también una admiración total por el Brasil campeón de la Copa del Mundo 1970: "El fútbol brasileño es el mejor que hay. Es el más llamativo y son siempre una amenaza de ganar. Tienen un talento terrible". Esto no quiere decir que haya caído en los clichés típicos del hincha argentino. Su repudio a cualquier tipo de violencia le hacía tener una visión un tanto particular sobre el clásico Boca–River:

"Ambos nacieron en la ribera y se dividieron cual andrógino. Hay un gran respeto entre los dos, es como dice Jean Baudrillard: la izquierda quiere ser como la derecha y la derecha quiere ser como la izquierda. Ambos actúan como el contrario para incitarse. Yo creo que hay mucho de Boca en River y mucho de River en Boca".

Más allá de estas palabras, Spinetta tampoco perdía la oportunidad para chicanear al clásico rival. En el año 2005, el músico norteamericano Lenny Kravitz dio un recital en el estadio de Boca Juniors y hasta incluso tocó un par de temas con una guitarra especialmente preparada con el escudo *xeneize* y pintada de azul y amarillo. Los organizadores del evento contrataron a Dante Spinetta como uno de los artistas soporte para esa jornada y el antiguo miembro de Illya Kuryaki and the Valderramas no tuvo mejor idea que invitar a su padre a tocar *El guatemalo*, una canción de su disco solista, *Elevado* (2002). También hincha fanático de River Plate, Dante le propuso a su papa subir a tocar con la camiseta del Millonario puesta, aunque de manera camuflada. Ambos usaron ropa blanca sin ninguna inscripción y con las correas de sus respectivas guitarras de color rojo, formando así una banda que les cruzaba el pecho.

***

Con el Indio Solari sucede algo particular: es un músico que no tiene fanáticos, tiene feligreses. Los millones que lo siguen desde sus días de gloria con Los Redonditos de Ricota o aquellos que lo descubrieron en su etapa solista junto a Los Fundamentalistas del Aire Acondicionado le rinden a Carlos Alberto Solari un tributo que en este país solo lo ha merecido Diego Armando Maradona. Uno de estos fanáticos, el futbolista uruguayo Santiago *Bigote* López, incluso ha llevado esta devoción casi religiosa al punto de tener una cláusula especial en su contrato con el club Villa Espa-

ñola que lo liberaba de cualquier compromiso que pudiera tener con el equipo si es que el cantante o su banda daban un *show* ese mismo día —también aplicaba la disposición si el que tocaba era Skay Beilinson, antiguo guitarrista de los Redonditos—.

Bigote no es un futbolista normal en el mejor de los sentidos. Mientras que muchos jugadores —aun en las categorías más humildes— solo tienen los ojos puestos en el partido y se olvidan de todo lo que los rodea, López comenzó a ver las cosas de otro modo gracias a Sócrates, el mítico mediocampista brasileño que impulsó en el Corinthinas un movimiento que fue conocido como "democracia corinthinana". Este modelo de autogestión, en donde todas las partes del club decidían en asamblea los destinos de la entidad, fue replicado por Villa Española, una institución con una historia fuertemente vinculada a la clase obrera —el centro cultural del club se llama cantina Sócrates— y el propio Santiago, militante de izquierda, reivindica esa pertenencia:

> "En el club nos dimos cuenta que el fútbol es una herramienta de transformación social. La autogestión es posible y trabajamos para eso. Sócrates me abrió la cabeza y me mostró otro fútbol. Él —junto a otros jugadores como Wladimir, Casagrande y Zenon— hizo un proyecto revolucionario, se le plantó a la dictadura y logró que Corinthians sea uno de los mejores equipos de Brasil".

La cláusula especial para poder ver en vivo al Indio —la cual fue ejecutada en marzo del 2020 para asistir a un recital que Los Fundamentalistas dieron en la ciudad de Buenos Aires— tiene algo que ver con esta visión sobre el fútbol y la vida. Convencido de que el deporte ha quedado a merced del negocio, el Bigote López, se propuso no perder la oportunidad de hacer cosas que lo hicieran feliz. Durante mucho tiempo, y como él mismo admitió en más de una oportunidad, cada vez que surgía un recital, debía mentir para poder escaparse. La peculiar cláusula de su contrato con Villa Española fue blanquear algo que ya era un secreto a voces, pero también un cuestionamiento al sistema actual que impone restricciones a la felicidad a cambio de dinero.

Así como sucedió con Diego, fuente de alegría para millones de argentinos, las hinchadas del fútbol argentino le rinden tributo a Solari y lo sienten propio. El Indio no tiene colores dicen ellos, pero él si los tiene. La información de que el cantautor es hincha de Boca Juniors llegó al gran público hace relativamente poco. Como en todos los aspectos de su vida personal, el propio Solari se encargó de cubrir esa faceta con un halo de misterio. No es que el fútbol no fuera un tema recurrente en las entrevistas concedidas a lo largo de los años, pero el Indio siempre fue consciente de su influencia sobre millones de pibes y nunca quiso contribuir a crear divisiones internas entre los fieles de su iglesia:

"Estas definiciones muchas veces empiezan a provocar divisiones en el seno de esta masa que yo no quiero provocar. No me interesa propiciar una serie de comportamientos donde 'yo estoy con fulano, porque el Indio está con este'. Entonces meter ahí informaciones que agregan nada ni ayudan a nada, no me interesa".

También es cierto que, dado el cuidado con el que Solari maneja sus apariciones en público, durante mucho tiempo resultó imposible pensar que un domingo cualquiera se dejaría caer en La Bombonera para gritar "¡¡Dale Bo!!". Recién en 2011 se develó el misterio y fue gracias a una foto que el músico le pidió a uno de sus más grandes ídolos: Juan Román Riquelme. El primer encuentro de varios se dio en los palcos VIP de la cancha de Boca Juniors y, en esa oportunidad, el eterno 10 le regaló una camiseta autografiada, un tesoro que Solari cuenta como una de sus posesiones más preciadas. La admiración del Indio por Román es total y así lo ha hecho saber en entrevistas para la revista *Rolling Stone* o *La Garganta Poderosa*, pero sus elogios más potentes los plasmó en su colaboración con el libro *El caño más bello del mundo* del escritor Diego Tomasi:

"Román ha sido, de todos los jugadores que vi, el que más me ha hecho disfrutar del fútbol. Sabe, de manera natural, como es el juego todo (cosa poco frecuente) y posee una técnica exquisita y elegante que le permite valorar esa ventaja. Su visión periférica le hace fácil elegir, en un instante, el mejor circuito

para que su equipo saque provecho. Cuando se hace del balón lo protege con su cuerpo de manera casi invulnerable a la espera del mejor momento para burlar a sus marcadores".

¿Y cómo era el Indio como futbolista? En *Recuerdos que mienten un poco*, el libro que recopila sus conversaciones autobiográficas con el periodista y novelista Marcelo Figueras, él mismo se describe con un marcador central correcto con facilidad para la patada de ablande: "Era sucio para jugar, no pegaba fuerte, pero te sacudía el tobillo todo el primer tiempo y en el segundo ya no podías correr". El Solari futbolista —que duró hasta el día en el que se rompió los meniscos por jugar con sus sobrinos poco antes de un *show*— tuvo sus inicios en las calles de La Plata, ciudad a la que había llegado siendo un niño pequeño proveniente de Paraná, Entre Ríos. Con sus amigos del barrio cerraban la calle y se ponía a pelotear hasta que los vecinos se cansaban y los sacaban cagando. Aparte de ser un buen defensor, también destacaba a la hora de tirar centros, pero su poca predisposición para el esfuerzo físico hacía que sus participaciones en los picados fueran limitadas. Con el paso de los años y el ingreso a la adolescencia, su vocación para el arte y las lecturas de autores y poetas *beatniks* como Jack Kerouac fueron ocupando la mayor parte de su tiempo y el fútbol quedó un poco relegado en la lista de sus pasatiempos.

Ya hablando propiamente del costado futbolero de su obra, en el cancionero de Los Redonditos de Ricota hay algunas referencias al balompié. En *Noticias de ayer*, Solari habla de Diego Armando Maradona cuando canta "Se desgració el campeón del hiperfútbol / Primero en el *ranking*", mientras que en *Las increíbles aventuras del Capitán Buscapina* el protagonista está mirando por TV una batalla campal entre jugadores de Estudiantes de La Plata y Rosario Central ("Sentado, en bolas, *watcheando* en la tele / donde se matan el Pincha y los canallas"). Por su parte, *La bestia pop*, uno de los *hits* de la banda, está estrechamente vinculado a un jefe de la barra brava de Gimnasia y Esgrima La Plata. Cuentan los que saben que, en una entrevista radial, el propio Solari confirmó que la bestia pop no era otro que José Luis Torres, alias el Negro José Luis, recordado capo de la hinchada del equipo platense. Fanático del *rock*, peronista y muy hincha de Gimnasia, Torres llegó a liderar la hinchada a fuerza de puñetazos en los ochenta y solía concurrir a cada recital importante que hubiera en la ciudad. De hecho, allí también repartía tortazos a diestra y siniestra como lo hizo en un *show* de Polifemo en el estadio del Club Atenas o durante un recital de Pappo en el que, junto a sus compañeros de la barra, se enfrentó a una banda que lo esperaba en la vereda con navajas en las manos. Aunque seguramente no había leído *El arte de la guerra*, José Luis sabía aplicar bien las enseñanzas de Sun-Tzu, como en aquella oportunidad en la que emboscó a la hinchada de Quilmes escondido junto a sus muchachos en los árboles del bosque platense. Eso sí, cuando su cuerpo estaba embotado de alcohol y drogas, no había táctica ni planificación, era todo puño y descontrol. ¿De dónde viene el vínculo entre el Negro José Luis y Los Redonditos de Ricota? Skay Beilinson y su esposa, la Negra Poli, ya lo conocían desde antes, de verlo en la tribuna de Gimnasia todos los fines de semana, pero Torres también era un fanático de la banda y solía concurrir a los recitales, envuelto con la bandera de Gimnasia y Esgrima. El estadio ubicado en 60 y 118 era el lugar de Torres en el mundo. Vivía y respiraba para Gimnasia —había abandonado la militancia política tras el golpe militar de 1976 que derrocó a Isabel Perón— y solo su madre ocupaba un lugar tan importante en su corazón —luego también lo haría su hija, Paloma Azul, que nació a finales de los noventa—. El consumo de estupefacientes y alcohol, las heridas de viejas batallas y el desgaste que impone una vida al filo del peligro le pasaron factura y José Luis debió ceder el control de la barra para quedar como una especie de capo emérito, fuente de consulta y *consiglieri* de los nuevos líderes. Falleció de causas naturales en 2001. Su ataúd estuvo cubierto con una bandera de Gimnasia y Esgrima La Plata y una remera de los Redondos.

Uno de los grandes misterios es por qué Diego Maradona y el Indio nunca se encontraron en persona. Cada uno en lo suyo, despertaron el amor de millones de fanáticos fronteras adentro —y fronteras afuera también en el caso de Diego— y los puntos en común eran muchísimos más que las cosas que los separaban. Ambos eran hinchas de Boca, ambos eran cercanos a la izquierda y el campo popular, ambos tenían una relación complicada con la prensa, ambos eran mitos vivientes y ocupaban el escalón más alto en el Panteón de los ídolos populares argentinos. Sin embargo, nunca hubo una entrevista conjunta, un cruce en algún evento o una foto circunstancial. Tan solo algún contacto telefónico o un cruce de mensajes a través de terceros. En 2005, cuando Maradona resurgió de las cenizas por vez mil y se reconvirtió en exitoso conductor televisivo, existió la posibilidad de que Solari concurriera a *La noche del 10* y ocupara una silla en la que ya se habían sentado Pelé, Mike Tyson y Roberto Gómez Bolaños, entre otros. Sin embargo, decidió rechazar respetuosamente la invitación debido a su incomodidad manifiesta frente a las cámaras de televisión. Años más tarde, cuando un menguante Diego se puso el buzo de entrenador de Gimnasia y Esgrima La Plata, el músico le hizo llegar un afectuoso mensaje de felicitaciones y el Pelusa le retribuyó el gesto usando una gorra con la inscripción "Indio" durante los entrenamientos. Lo que podría haber sido una amistad tardía entre los más grandes próceres de la cultura popular nacional quedó trunca por culpa de la siniestra Parca, esa que al final siempre le gana a todos. Incluso a Dios. En su elegía, Solari despidió al héroe caído asegurando que había muerto "el ultimo vengador de los pobres".

***

Norberto *Pappo* Napolitano fue el guitarrista de *blues* y *rock & roll* más importante de la historia *rock* nacional. Tan grande era que incluso el propio B. B. King —un Zeus que aun hoy, que lleva varios años muerto, se sienta en lo alto del Olimpo blusero— se lo llevó a tocar al mítico Madison Square Garden junto a otras luminarias del género como Junior Wells, Koko Taylor y un ídolo personal del Carpo, el gran Buddy Guy. Cuenta Peter Deantoni, por mucho tiempo *road manager* del rey del *blues* y compañero de andanzas de Pappo durante toda su epopeya musical por las rutas norteamericanas, que, meses antes de este recital, el argentino abandonó los vicios y comenzó a realizar ejercicio de manera habitual, algo inédito en un hombre que no le decía que no a cualquier oportunidad de parrandear como solo saben hacerlo los roqueros. Es que el Carpo no quería volver a arruinar su oportunidad de jugar en las grandes ligas, allí donde solo los elegidos tienen la chance. En los ochenta, el guitarrista argentino había estado muy cerca de formar parte de The Black Crowes, una de las bandas de *rock & roll* más importantes de los noventa en Estados Unidos, pero todo quedó en la nada. Cuenta la leyenda que, ya habiendo sido aceptado por el mánager del grupo —que no era otro que el padre de los hermanos Chris y Rich Robinson, los líderes de la banda—, Pappo no tuvo mejor idea que usar la tarjeta corporativa que la discográfica le había otorgado para consumir cocaína delante del mismísimo Robinson Sr. Ese fue el motivo por el cual Norberto duró apenas unas horas como miembro de The Black Crowes.

Volvamos a Nueva York. Esa noche de agosto de 1993, una de las más calurosas de aquel verano neoyorkino, el Carpo estaba hecho un manojo de nervios, desbordado por una experiencia que ni en sus sueños más alocados se imaginó vivir. Seguramente algo de eso percibió B. B. King, porque, cuando se encontró en los camerinos con Mr. Cheese —le decía cariñosamente de esta manera debido a que el violero argentino le regaló una horma de queso durante su primer encuentro un año antes—, lo tranquilizó de la misma manera que un entrenador le da ánimos a un pibe que está por debutar en la primera del equipo. Para colmo, King lo presentó como el último invitado de esa noche, un privilegio reservado solo para las máximas estrellas. El Carpo subió al escenario justo después del gran Buddy Guy y B. B. King lo introdujo como el máximo referente del *blues* en Sudamérica, algo que en términos futboleros podríamos equiparar a ganar el balón de oro que entrega la revista francesa *France Football*. Aunque finalmente la chance de conquistar Norteamérica no se cristalizó, para Pappo esa noche en el Madison fue como jugar la final de la Copa del Mundo. A su vuelta, el músico por fin sintió que ya no tenía la obligación de rendir examen frente a algunos críticos que siempre lo miraban de reojo, aun pese a tener ya una dilatada carrera. Eso sí, nunca se la creyó. Siguió siendo el mismo tipo que podía dejarle una puteada en el contestador de Spinetta porque este no lo atendía deprimido por una ruptura amorosa o que se dejaba caer por la parrilla del Ruso Verea después de un recital y se ocupaba de reemplazar al asador o de preparar los choripanes para comensales rezagados como él. En esencia, nunca dejó de ser aquel pibe que se robó su primera guitarra —le prometió a su verdadero dueño que se la iba a pagar, pero a los pocos días se mudó de barrio—, que amaba los fierros y que era hincha de San Lorenzo por herencia familiar.

A decir verdad, a Pappo no le gustaba mucho el fútbol. Aunque se declaraba hincha del Cuervo e incluso tenía colgada en su casa una bandera que le había regalado la hinchada, no le prestaba mucha atención al devenir del equipo y los lunes solía llamar a sus amigos más futboleros para saber cómo había salido su cuadro durante el fin de semana. Lo suyo eran los fierros. Durante toda su vida mantuvo una relación estrecha con los autos y las motos, sus pasiones por fuera de la música. Fanático de las motocicletas Harley Davison y los autos Chevrolet, solía comprar autos viejos para restaurarlos a su vieja gloria como aquel Chevy modelo 71 que encontró todo podrido en un gallinero o un Chevrolet Malibú 230. Incluso se dio el lujo de competir en varias ca-

tegorías del automovilismo argentino como el TC Bonaerense, el Supercart y el TC Pista, entre otros. Su mejor resultado como piloto lo consiguió en el año 2000 cuando fue tercero en una carrera disputada en la provincia de La Pampa. En una entrevista con el diario Clarín durante la promoción de su más reciente álbum, *Buscando un amor*, el Carpo confirmó que el fútbol no le gustaba, entre otras cosas, porque "la pelota no hace ruido". Ahora bien, esto no quiere decir que Norberto Napolitano haya sido ajeno a este deporte y hay varios mitos urbanos que lo vinculan a este mundo. Se dice que, en diciembre de 1983, algunos miembros del plantel de primera de Ferrocarril Oeste lo fueron a buscar en una discoteca para quejarse de que el campo de juego del estadio había quedado inutilizable después de un concierto que dio el guitarrista junto a Riff, situación que hizo perder al equipo. De ser cierta esta leyenda, de seguro la cosa no terminó en charla amistosa, sino más bien todo lo contrario. El Carpo contó alguna vez que conocía a Diego Armando Maradona desde los días en que él era solo el joven *crack* de Argentinos Juniors. Vecinos de barrio —Pappo vivió la mayor parte de su vida en La Paternal— Diego y su primer representante, Jorge Cyterszpiler, solían aparecerse por su casa en un maltrecho Torino para pedirle prestados discos de Deep Purple. Con los años, los encuentros entre ambos fueron frecuentes y el guitarrista prometió a Diego que él le iba a componer la música para su película. Su absurda muerte en 2005 truncó ese deseo mutuo.

Pero, sin duda, el vínculo más estrecho con el deporte llegó a través de su padre, Carlos. Hijo de un inmigrante italiano llamado Pascual que arribó al país escapando de la guerra y que había prosperado hasta abrir una fábrica de calderas, Carlos ayudaba a su padre en el negocio familiar a la vez que despuntaba el vicio jugando en las categorías juveniles de Atlanta, donde destacaba como mediocampista por derecha. Su único *match* en el primer equipo del Bohemio lo disputó el 25 de julio de 1937, cuando ingresó al poco tiempo de iniciado el partido en lugar de Antonio del Felice, *player* que se había lesionado en el precalentamiento. Sin muchas oportunidades en el equipo de Villa Crespo, en 1938 Carlos firmó con Almagro, club que recientemente había logrado el ascenso a Primera División. Su debut en su nuevo *team* se dio recién en la octava fecha del torneo de primera. Hasta ese día, 5 de junio de 1938, Almagro arrastraba una racha negativa nefasta de 5 derrotas —incluyendo un 9 a 0 en contra que le propinó Independiente de Avellaneda— y un empate. Aquel encuentro frente a Ferro, el cuadro de Napolitano ganó 4 a 1. A partir de ese momento jugó casi todos los partidos y se enfrentó a equipos de la talla de Gimnasia y Esgrima La Plata, Racing Club, Huracán, Vélez Sarsfield, Chacarita Juniors, Boca Juniors, Independiente e incluso San Lorenzo, el cuadro de sus amores. En ese partido en particular, Almagro cayó derrotado 5 a 2 y quedó prácticamente condenado a jugar otra vez en la segunda categoría. El 23 de octubre, en la cancha de Vélez, Carlos Napolitano se dio el lujo de jugar contra un River Plate que ya comenzaba a perfilarse para ser La Máquina en la década siguiente. Esa tarde, el conjunto de Núñez alineó, entre otros, a Adolfo Pedernera, el Charro Moreno, José María Minella y Carlos Peucelle, este último futuro entrenador y considerado por muchos como el que sentó las bases de ese equipo de ensueño. La victoria fue para River por 2 a 1 y el gol del descuento para Almagro lo hizo el gran Raimundo *Mumo* Orsi, jugador argentino que, tan solo cuatro años antes, había sido parte —junto a sus compatriotas Enrique Guaita y Luis Monti— de la selección italiana campeona de la Copa del Mundo en 1934. En las horas previas a aquella final, el propio Benito Mussolini les había advertido a los muchachos dirigidos por Vittorio Pozzo que la derrota no era opción. Esa vez, el líder fascista habló sin medias tintas y le dijo al *alienatore* que él sería el único responsable de la victoria, pero que Dios lo ayudara si llegaban a fracasar. A los jugadores directamente les aseguró que, si perdían, los mandaba a degollar. Por suerte para todos, Orsi logró el empate ante Checoslovaquia a solo unos minutos del pitazo final y llevó el match al alargue para que Angelo Schiavio pusiera el 2 a 1 definitivo y le permitiera al conjunto italiano levantar la copa Jules Rimet (y conservar sus cabezas en el mismo lugar de siempre).

El último partido de Carlos Napolitano como futbolista de Primera División fue en la fecha 33 ante Boca Juniors. Disputado en el Viejo Gasómetro, esa tarde el *xeneize* alineo, entre otros, a Francisco *Pancho* Varallo —máximo goleador histórico del club hasta la llegada de Martin Palermo— y a Roberto Cherro. Así y todo, Almagro jugó el mejor partido del año y pudo derrotar a Boca por 4 a 3. Tras finalizar la temporada de Primera División, Napolitano siguió vinculado al fútbol un tiempo más y despuntó el vicio jugando en segunda para Argentinos Juniors, pero el negocio familiar había crecido y su padre había envejecido. Ya era hora de que la firma Pascual Napolitano e Hijos cambiara su nombre a Napolitano Hermanos. Pappo nunca pudo ver en acción a su padre, por lo que solo tuvo noticias de sus andanzas

futboleras cuando Carlos les contaba a sus incrédulos empleados que él había jugado contra La Máquina.

***

Sin duda, Soda Stereo fue la banda de rock más importante de Latinoamérica. Como ninguna otra por estas latitudes, supo conjugar sofisticación con popularidad y canciones como Corazón delator, Entre caníbales, La ciudad de la furia o Te para tres catapultaron a su líder, Gustavo Cerati, como uno de los compositores más refinados de nuestro país. Dado el lugar que ocupó dentro del ecosistema del *rock argento*, resulta difícil asociar a Cerati con el fútbol. Vaya a saber uno por qué las canciones de Soda —y las que compuso en su etapa solista— nunca consiguieron hacerse un lugar en las tribunas, un lujo que incluso se han dado algunos artistas de mucho menor calibre. Quizás sea por esa aura de sofisticación que siempre emanó su figura, casi *snob* según los detractores de siempre, pero incluso durante los ochenta, cuando sus primeras melodías eran alegres, pegadizas y bailables, la banda no logró penetrar en el cancionero del fútbol. Para finales de esa década, cuando Soda dejó de lado las temáticas más banales como el culto a la imagen, la moda o las fiestas y se centraron en cuestiones más oscuras como el consumo de sustancias y la paranoia derivada de las mismas, la posible vinculación con el fútbol resultó prácticamente imposible. Para colmo, el propio Cerati no era muy fanático que digamos de este deporte. Es cierto que decía ser de Racing Club de Avellaneda —en 1995, durante un show en la ciudad de La Plata gritó "Vamos Racing" en medio de una canción— y que incluso circulan fotos suyas jugando a la pelota en la previa a un recital que Soda debía dar en Chile, pero él era de otro palo. Quizás será por eso que, a diferencia de lo que sucedía con Los Redonditos de Ricota y el Indio Solari que eran reivindicados por todas las hinchadas de nuestro país, el líder de Soda nunca fue objeto de ese tipo de culto. Ojo, no es que él se haya desvivido por serlo tampoco, sino más bien todo lo contrario. Gustavo siempre se mostró reacio a ese fenómeno conocido como la futbolización del *rock*, el cual vivió de cerca cuando se lo mostraba como la contracara del Indio.

Desde finales de los sesenta y principalmente en los setenta, el *rock* en Argentina representaba para muchos jóvenes algo más que solo un género musical: era una forma de combatir el orden establecido, de protestar contra gobiernos autoritarios e incluso contra aquellos elegidos en simulacros de democracia. Eran años de proscripción del Peronismo, el partido más numeroso y de raíz popular más importante de la historia argentina, y aunque este finalmente retornó al poder en 1973 —primero con la breve presidencia testimonial de Héctor Cámpora y luego ya con el regreso desde el exilio de su líder, Juan Domingo Perón— ese acontecimiento no desembocó en la patria socialista que muchos jóvenes soñaban parir, sino más bien en todo lo contrario. La muerte del general Perón en 1974 y la consolidación de elementos de la ultraderecha dentro del gobierno presidido por su viuda, Isabel Martínez, fueron el oscuro preludio del siniestro golpe militar que el 24 de marzo de 1976 interrumpió la vida democrática de la Argentina. Durante esos años de plomo, en donde los muertos y desaparecidos se contaron por decenas de miles y donde la Copa del Mundo 1978 se jugó a solo unas cuadras del tristemente célebre centro clandestino de detención de la Escuela de Mecánica de la Armada (ESMA), la censura del régimen no impidió que el espíritu de lucha se mantuviera vivo a través de la música, principalmente a través del *rock*.

Pero cuando irrumpió Soda Stereo en el *mainstream*, el panorama había cambiado radicalmente. En 1984 —año en el que se editó su álbum debut— Argentina era nuevamente un país democrático y la primavera alfonsinista se encontraba en su cenit. Los años de miedo y tristeza estaban ya en el espejo retrovisor y los chicos solo querían bailar. Bandas como Soda o Virus les dieron esa oportunidad. Después de tantas pálidas había llegado la hora de la fiesta, pero no todos dentro del mundo del *rock* se mostraban tan receptivos a este movimiento y a esos raros peinados nuevos. Para algunos, el *rock* tenía la obligación de tener un mensaje mucho más profundo y menos glamoroso que el que proponía Soda Stereo. Es precisamente en ese momento en el cual podemos encontrar el primer eslabón de esa rivalidad casi futbolera que los fanáticos y los medios de comunicación buscaron instalar entre Soda y Los Redondos. Para el periodista Bruno Larocca, esa pose casi de barrabravas que terminaron adoptando los simpatizantes de una y otra banda —incluso al punto de llegar a cantar canciones en donde se le deseaba la muerte al cantante "enemigo"— era algo que solo podía pasar en Argentina y tenía que ver con nuestra forma de ser extremadamente pasional:

> "El público que seguía a Soda y los Redondos cantaba en contra del otro porque sentía que el progreso de su banda era también un progreso propio. Para

ese público que los empezó a seguir desde que tocaban en los primeros bares, llegar a Obras era también un premio para ellos mismos por haber bancado siempre y haberlos seguido desde cuando tocaban en boliches para no más de 30 personas".

Ahora bien, en un ambiente tan vanidoso como el del *rock*, todo el mundo tiene celos y envidias. Cuenta la leyenda que los Soda se agarraban la cabeza cuando Los Redondos metían igual cantidad de gente en un *show* sin gastar un peso en vestuario o escenografía, algo a lo que la banda de Gustavo Cerati siempre prestó mucha atención. También ambas bandas se mandaban mensajes a través de sus letras. Cuando Cerati cantaba que él quería estar en *La Cúpula*, el Indio preguntaba "¿Y cuánto cuesta ser la banda nueva?" En años recientes, el bajista de Soda, Zeta Bosio, pareció echar más leña al fuego cuando declaró que en esta especie de pelea futbolera los Redondos se encontraban más cómodos porque, a finales de los ochenta, eran la banda más chica y supieron aprovechar este enfrentamiento para captar a un público que había quedado huérfano tras la muerte de Luca Prodan, vocalista de Sumo y principal antagonista de los Soda durante la primera parte de esa década. Aunque seguramente compartía algunos de los puntos de vistas de Zeta, Cerati siempre se mostró molesto con esta idea de futbolizar al *rock*: "Lo que más me molesta es tener que contestar la misma pregunta todo el tiempo. Me resulta tan cansador. (...) Definitivamente, la razón por la que yo hago música poco tiene que ver con ser antagónico a algo o alguien".

La fútbolización del *rock* no era un fenómeno nuevo. A los medios les servía para aumentar las ventas y, pese a que muchos renegaban al respecto, los músicos también sacaban su beneficio de esta puesta en escena. Seguramente había bandas que se guardaban algún tipo de rencor por cuestiones que nada tenían que ver con lo musical, pero la mayoría siempre tenía buena onda entre sí. Incluso algunos grupos catalogados como antagonistas como Serú Girán y Spinetta Jade llegaron a dar recitales en conjunto para echar por tierra cualquier tipo de especulación.

En los inicios del *rock* nacional, algunos de los integrantes de este movimiento consideraban al fútbol un entretenimiento para la *gilada*, pero el tiempo fue revirtiendo esa mirada y ambos mundos pudieron coexistir y hasta incluso mezclarse. Pese a esto, los detractores de esta unión sostuvieron a lo largo del tiempo que esta nueva forma de entender al *rock* solo servía para tapar las falencias de algún grupo que se quedó sin nada nuevo que mostrar y solo puede ofrecer como único valor la cultura de la tribuna, del aguante. A partir de allí, las discusiones entre los fanáticos de distintas agrupaciones no tardan en llegar a un ambiente que se supone debe ser unido y todo termina dividiéndose.

Esta postura se profundizó en los noventa y en el 2000 con el advenimiento del *rock* barrial. En torno a muchas bandas que venían del *underground* porteño y del conurbano bonaerense se generó una especie de mística de cancha en donde el aguante, las bengalas y las banderas se volvieron parte integral del espectáculo y hasta eran fomentadas por las distintas agrupaciones. Cuando el 30 de diciembre de 2004 una bengala transformó en tragedia el recital que Callejeros daba en el establecimiento República de Cromañón —el cual dejó 194 fallecidos y cientos de heridos física y emocionalmente—, los medios de comunicación no dudaron en señalar que la fútbolización del *rock* era la principal culpable. A casi 20 años de ese triste suceso, la discusión sobre cómo se reparten las culpas aún no ha sido zanjada.

Tiempo después de la tragedia, Cerati fue uno de los roqueros argentinos que más énfasis puso a la hora de señalar los efectos nocivos que tuvo esta suerte de futbolización del *rock*:

"Venimos jugando con esos niveles de inconsciencia desde hace muchos años. (...) Incitar a que la gente lleve bengalas o tres tiros es una pelotudes muy grande. Esas cosas se transformaron en el símbolo del rock y eso es porque también el público quería ser protagonista. Considero un error que el público adopte a veces una actitud participativa tan fuerte porque, en algún punto, termina pareciendo que el público es el show. A mí nunca me gustó mucho eso.

Solari, en una actitud que le valió algunas críticas, fue de los que siempre se mostró más contemplativo con la situación al hablar de que lo sucedido el 30 de diciembre de 2004 le podía haber pasado a cualquiera: "Cromañón fue una granada sin espoleta que los músicos nos fuimos pasando de mano en mano hasta que le explotó a Callejeros". Además, fue uno de los pocos en

el ambiente que mostró algo de piedad para con Omar Chabán, dueño del establecimiento en donde ocurrió la tragedia y personaje importante de la movida contracultural de los años ochenta:

> "Ciento noventa y pico de muertos es una cuenta que alguien tiene que pagar, pero señalar como criminal a Chabán me da pena. (...) Yo creo que nadie de los que intervinieron allí puede ser señalado como un criminal por el simple hecho de que no era conveniente para nadie. A los chicos de la banda se les murieron gente muy cercana. A (Aníbal) Ibarra no le conviene políticamente que pase eso. En todo caso, los culpables son aquellos que tenían la posibilidad de prohibir que eso sucediera y no lo hicieron".

Ahora bien, pese a tener posturas tan distintas en este y otros temas —y a los dardos envenenados que se tiraron en los medios de comunicación durante los ochenta y los noventa— con la edad, Cerati y el Indio encontraron la madurez suficiente como para evitar que estos fanatismos casi juveniles se colaran en sus declaraciones. Nunca se conocieron, nunca tuvieron siquiera una conversación telefónica, pero en cierto punto de sus vidas hubo un entendimiento tácito de que ambos tenían mucho más en común entre ellos que con los pibes que los seguían. Tras la muerte del líder de Soda Stereo en 2014 después de un largo padecimiento producto del accidente cerebro vascular que lo dejó incapacitado en 2010, Solari fue uno más de los músicos que lo despidió con una sentida carta en donde se declara admirador de su obra —principalmente de su etapa solista— y en la que le da una especie de cierre a esta rivalidad futbolera que tuvo el *rock* nacional.

***

En su documento de identidad dice Carlos Alberto García, pero para los fanáticos siempre será Charly. Considerado por el público y sus pares como el máximo exponente del género en nuestro país, García es el autor de muchas de las melodías que hoy forman parte del cancionero popular argentino y es respetado no solo por los roqueros, sino por los referentes de otros géneros populares como el folclor o el tango. Ya sea en sus comienzos con Sui Generis, integrando ese supergrupo que fue Serú Girán o en su prolífica carrera como solista, Charly sobresalió entre sus pares y les marcó el camino a aquellos que vendrían después de él. El rock nacional ya existía antes de García, pero definitivamente no sería el mismo sin él.

El comienzo, sin embargo, no fue tan fácil. En 1972 parecía que Sui Generis no encajaba en el ecosistema del novel pero pujante *rock* argentino. Charly y Nito Mestre no eran como los roqueros de esa época y su pinta de *hippies* contrastaba con la imagen de chicos duros que tenían tipos como Billy Bond. Curiosamente, el Bondo fue uno de los pocos en el ambiente que se pasaron los prejuicios por donde no da el sol e invitó al joven Charly a tocar el piano con La Pesada Rock & Roll. Ese mismo año, el debut discográfico de García y Mestre, *Vida*, se transformó en un éxito rotundo, llegando a vender 80 000 copias —una cifra considerable para el mercado de esa época—. Canciones como *Quizás porque, Mariel y el capitán* y *Canción para mi muerte* transformaron al dúo de *folk-rock* en uno de los más exitosos de Argentina, pero así y todo no se acallaron las críticas de ciertos sectores que ahora los menospreciaban por ser un grupo comercial. *Vida* fue un suceso, entre otras cosas, porque Sui Generis le hablaba de la vida a los adolescentes con un lenguaje simple, accesible para miles de pibes que todavía no conocían las asperezas de la adultez. Como escribió el periodista Sergio Marchi en su biografía de García, *No digas nada*, no había nada de panfletario en sus canciones, pero ellas escondían una crítica mordaz a la doble moral de la sociedad. Esta forma de comunicarse con los jóvenes no es casual, ya que, a fin de cuentas, Charly recién había entrado en la adultez. Cuando Sui Generis comenzó a girar por los escenarios, García tenía apenas 18 años y estaba más cerca generacionalmente de ellos que otros intérpretes de la época.

¿Y cómo fue su propia adolescencia? Como es sabido, durante su primera niñez García ya daba muestras de su talento musical casi sobrehumano —es famosa la anécdota en la que adivina en que tono sonaba el teléfono de su casa— y ya a los cuatro años tomaba clases de piano y tocaba piezas clásicas en distintas muestras. Su epifanía llegó a los 11, cuando descubrió a Los Beatles. Hasta ese momento, en su casa solo se escuchaba música clásica, pero los cuatro de Liverpool le abrieron un mundo nuevo en donde la rebeldía contra las normas establecidas estaba a la orden del día. ¿Y qué lugar ocupa el fútbol en ese momento de su vida? Sin ser una pasión como la música, en esos años Charly gustaba mucho de pelotear con sus amigos del barrio, donde pedía jugar como centrodelantero o arquero para no correr

tanto. Con el paso del tiempo, y ya como una estrella de *rock* con todos los vicios a cuestas, esquivaba los partidos porque, según él, eran peligrosos para la salud. De hecho, a su bajista Fernando Lupano una vez lo retó antes de un recital porque se lastimó un tobillo jugando en un picado: "¿No sabes que el deporte hace mal? Tomar sol te hace mierda, jugar al fútbol ni te cuento y nadar es lo peor de todo. Mejor dedicate a la prostitución".

Ahora bien ¿de qué equipo es hincha? En más de una oportunidad declaró ser fanático de River Plate, pero cuando era pequeño se consideraba de San Lorenzo solo para contrariar a un padre con el que no tenía la mejor relación. Como él mismo contó en una entrevista para el Diario Olé, recién en su adolescencia se reconoció a sí mismo como hincha del *Millonario*:

> "En mi adolescencia me incliné definitivamente por River. Me gustó la camiseta, esos colores son alucinantes. Cuando lo empecé a ver en los sesenta, era un equipazo. Ermindo y Daniel Onega, Antonio Carrizo, Pinino Más. Por ellos iba a la cancha. A veces solo, a veces con amigos. Como no teníamos plata, entrábamos cuando abrían la puerta en el segundo tiempo".

Quiso su buena estrella que, en una de esas tantas idas a la cancha, García gambeteara a la tragedia.

El 23 de junio de 1968, el fútbol argentino se vistió de luto por la muerte de 71 personas en el estadio Monumental tras el final de un superclásico entre River Plate y Boca Juniors que terminó 0 a 0. Lo que sería conocido a partir de ese momento como la Tragedia de la Puerta 12 comenzó minutos después de que el árbitro diera por terminado el encuentro. Esa tarde hacía bastante frio y el *match* había propiciado más bostezos que emociones, así que la fanaticada bostera enfilaba apretada hacia las escaleras que los llevarían afuera del estadio. Aunque las investigaciones posteriores no pudieron determinar qué fue lo que pasó realmente y las distintas versiones se contradicen entre sí, lo que sí se sabe es que la gente quedó atrapada en la salida. Inmediatamente comenzaron a generarse avalanchas desde arriba y los gritos y los pedidos de auxilio inundaron los pasillos. En total, la estampida duró unos pocos minutos, pero las consecuencias fueron terribles: 71 muertos —la mayoría de ellos adolescentes— y decenas de heridos. Los cadáveres todos pisoteados y magullados eran retirados de la escena por la policía y tapados con diarios mientras que los envíos deportivos, uno a uno, dejaron de comentar los resultados de la fecha para pasar a dar partes de víctimas y heridos como si se tratase de un atentado terrorista o un accidente aéreo. En plena época de la dictadura del general Juan Carlos Onganía, la investigación judicial quedó en la nada. La hipótesis más certera aseguraba que todo fue culpa de los efectivos de la Policía Federal, quienes no permitieron la salida de los hinchas de Boca, pero al final solo dos directivos de River fueron procesados y posteriormente librados de culpa y cargo. La causa fue archivada y constituye hoy uno de los hechos impunes más escandalosos de la historia judicial argentina. En esa fatídica jornada Charly García estuvo presente en la cancha y por poco no terminó siendo partícipe de esa tragedia. Como en tantos otros partidos, el músico y su grupo de amigos habían entrado a la cancha durante el segundo tiempo cuando se abrían los accesos para facilitar la salida una vez finalizado el encuentro. En sus ansias por entrar para ver los últimos minutos del juego, el grupo se confundió de camino y se enfiló hacia la puerta 12 para terminar saliendo en medio de la tribuna donde alentaban miles de hinchas de Boca Juniors. Como pudieron, los chicos volvieron sobre sus pasos y recorrieron por dentro el estadio para finalmente meterse en la tribuna local. Tras el pitazo final, García fue testigo del horror y esa experiencia quedaría grabada en su memoria como uno de los sucesos más trágicos que le tocó vivir en toda su vida.

Pese al éxito cosechado con Sui Generis, el dúo solo estuvo activo hasta 1975 y, a partir de allí, Charly incursionó en otros proyectos como PorSuiGieco —junto a Nito Mestre, León Gieco, Raúl Porchetto y María Rosa Yomo— y más tarde La Máquina de Hacer Pájaros. Este último grupo solo duró un año debido a las diferencias musicales entre sus integrantes. En 1978, finalmente se juntaría su amigo David Lebón y juntos emprenderían un viaje de unos meses por Brasil para escapar del pestilente clima represivo que inundaba las calles Buenos Aires. Durante un tiempo, García casi vivió como un campesino —convivía con su novia brasileña, tocaba en las calles y comían lo que recolectaban—, pero pronto se cansó de la naturaleza y emprendió la vuelta hacia Argentina con el proyecto de armar una nueva banda con Lebón como guitarrista. A ellos se le sumó en la batería Oscar Moro (había sido compañero suyo en La Máquina de Hacer Pájaros) y un pibe de 19 años llamado Pedro Aznar que era un prodigio del

bajo. Había nacido Serú Girán, una de las bandas más importantes en la historia del *rock* nacional. Después de un tibio debut discográfico en donde la prensa no se mostró muy receptiva —aun cuando el álbum homónimo incluía "Seminare", uno de los himnos de la música popular argentina—, el súper grupo editó *La grasa de las capitales* en 1979, trabajo con el que comenzaron a ganar cada vez más seguidores. Para inicios de los ochenta, Serú ya era una de las bandas más importantes del país, podio que compartía con Spinetta Jade, un grupo liderado por el Luis Alberto Spinetta y que contó con varios integrantes prestigiosos a lo largo de los años. A partir de ese momento, y durante algún tiempo, la prensa presentó a Spinetta y a Charly como personajes enemistados entre sí. El disparador de este mito fue un artículo de la revista *Hurra* firmado por el periodista Eduardo Mileo, en donde se hablaba de un supuesto enfrentamiento entre los dos músicos en otro ejemplo más de la denominada futbolización del *rock*. Según Mileo, mientras que el Flaco se mantenía fiel a sus inicios y conservaba una actitud artística honesta, Charly representaba la decadencia del género y se le acusaba de haberse vendido a la industria.

Por lo pronto, García y Spinetta hicieron oídos sordos a los inventos de la prensa y organizaron un megaevento que sería recordado por los años venideros. El 13, 14 y 15 de septiembre de 1980 Serú Girán y Spinetta Jade iniciaron una serie de recitales en conjunto en el estadio de Obras Sanitarias. En estos *shows* se pudo ver, en una misma noche, a Charly y al Flaco Spinetta juntos y solos haciendo canciones de ambos, sets por separados de ambos grupos y un final con todos los músicos en escena. Gloria Guerrero, periodista que trabajaba en Hurra por ese entonces, asegura que varios de trabajadores de la publicación consideraron esa nota una verdadera canallada: "¿Cómo se iban a enfrentar dos tipos que nos estaban salvado la cabeza cuando había un enemigo tan fuerte del otro lado, como era la dictadura?". Lo que podría haber terminado solo como otro ejemplo del más bajo periodismo amarillo dio paso a un evento maravilloso que para muchos fue un faro de luz en medio de la oscuridad en la que estaba sumida la nación. Como postal íntima de ese primer encuentro quedó una foto de ambos grupos y sus colaboradores jugando un partido de fútbol.

CAPÍTULO 10

LAS NOCHES DEL 10

"Si Pelé es Beethoven, yo soy el Ron Wood, Keith Richards y Bono del fútbol".

Diego Armando Maradona

El 25 de noviembre de 2020 el mundo dejó de girar. En un tiempo donde las noticias sobre el avance del COVID-19 y sus devastadoras consecuencias ocupaban las primeras planas de todos los diarios del mundo, muy pocos sucesos podrían desviar la atención de los medios y la muerte de Diego Armando Maradona fue uno de ellos. Como suele suceder con las grandes tragedias colectivas, los argentinos recordamos que estábamos haciendo en el preciso momento en el que escuchamos el fatal desenlace. Al principio nadie lo creyó. No era la primera vez que Diego coqueteaba peligrosamente con la Parca —alguna vez un canal de noticias llegó a darlo por muerto sin decirlo abiertamente, solo poniendo una placa negra con la hora de su supuesto deceso—, pero siempre conseguía gambetearla en el último segundo y dejarla sentada de culo como si fuera un mareado defensor inglés. A pesar de que en su última aparición pública, un burdo comercial disfrazado de homenaje por su cumpleaños, se vio a un hombre embotado en psicofármacos y con las rodillas destrozadas de tanto cargar la cruz de su leyenda, todos guardábamos la secreta esperanza de verlo resurgir de sus cenizas una vez más. No fue posible. Maradona, ese *alter ego* creado para soportar las pata-

das asesinas, infundir temor y respeto en el rival de turno y proteger a un país entero que lo había designado su santo patrono y general cinco estrellas, sucumbió como el mortal que alguna vez fue.

La noticia rápidamente se esparció por todos los rincones del planeta. El plantel de Boca Juniors, que debía jugar de visitante contra Inter de Porto Alegre por la Copa Libertadores, inmediatamente se subió a un avión y retornó al país. La AFA reprogramó varios partidos que debían disputarse al día siguiente y se plegó al luto nacional decretado por el presidente de la Nación, Alberto Fernández. En los partidos de la Champions League que se jugaban ese mismo día se guardó un minuto de silencio, homenaje que se replicó por varios días en todas las ligas del mundo. La federación mexicana de fútbol colocó una corona fúnebre en el arco donde tres décadas antes el Pelusa había marcado el recordado "gol del siglo" y clubes de todos los rincones del planeta salieron a la cancha con camisetas especiales su honor. Leonel Messi, Cristiano Ronaldo, Mbappé, Neymar, Zlatan Ibrahimovic, David Beckham, Alessandro Del Piero, Eric Cantona, Ronaldo, Ronaldinho y Gary Lineker fueron solo algunos de los miles de jugadores y exjugadores que expresaron su dolor en redes sociales. De igual manera también lo hicieron personalidades de la cultura, del espectáculo y líderes de todo el mundo como, por ejemplo, los presidentes de Francia, Rusia, Israel, España, Italia, Nicaragua, Cuba, Colombia, Venezuela, entre otros. Incluso los All Blacks, el famoso seleccionado neozelandés de *rugby*, le rindió un sentido tributo en la previa de su enfrentamiento con los Pumas, disputado en las horas posteriores al triste suceso. Antes de realizar su tradicional *haka*, la danza de guerra de los antiguos maoríes, los neozelandeses desplegaron respetuosamente en el piso una camiseta negra con el número 10 y la inscripción "Maradona" en la espalda, como un reconocimiento al guerrero caído. La nota lamentable de esa jornada la dieron los rugbistas argentinos, quienes apenas sí se presentaron con un brazalete negro casi imperceptible. De más está decir que esa irrespetuosa actitud mereció el repudio de gran parte de una Argentina que, por espacio de 48 horas, se transformó en un velorio a cielo abierto. Sí, tan poco duró la despedida al personaje más trascendente de nuestra historia y, vaya a saber uno por qué, cientos de miles se quedaron con las ganas de darle un último adiós.

El mundo de la música también se sumó a los homenajes. A través de redes sociales, miles de artistas y grupos de distintos géneros despidieron al astro caído, y para el mundo del *rock* en particular se trató de una pérdida muy sentida. Ese fatídico 25 de noviembre de 2020, artistas de la talla de Brian May, Slash, los hermanos Liam y Noel Gallagher, Bono y bandas como Massive Attack o Garbage fueron solo algunos de los que, en el ámbito internacional, se volcaron a las redes para expresar su dolor. En el *rock* argentino el reconocimiento fue unánime. Charly García, quizás uno de los más cercanos, publicó en su cuenta de Instagram una sentida carta en donde le decía a su amigo: "No te equivoques de paraíso", y le pedía que lo esperara allí junto al club de los 27 que conforman Kurt Cobain, Brian Jones, Janis Joplin y Jimmy Hendrix, entre otros. Andrés Calamaro y Fito Páez, otros maradonianos de pura cepa, también utilizaron las distintas redes para conmemorar al querido héroe, mientras que Andrés Ciro Martínez, autor de uno de los temas más emblemáticos que se han compuesto en honor a Diego, subió un video suyo tocando el himno nacional con su armónica y luego publicó una extensa carta en la que rememoraba aquella frase de Roberto Fontanarrosa "Que me importa a mí lo que hizo Maradona con su vida privada, solo me importa lo que él hizo con la mía". Hilda Lizarazu, Lito Vitale, Dante Spinetta, Fabiana Cantilo, Piti Fernández de Las Pastillas del Abuelo, Juanse y el Zorrito Von Quintiero fueron también algunos de los cientos de personas vinculadas al mundo del *rock* vernáculo que tuvieron palabras de amor hacia Maradona.

¿Por qué esa cercanía? ¿Qué los unía? Sin duda, como sucedió con cada uno de los argentinos que hoy sigue amado al Pelusa como el primer día, el fútbol fue la principal causa, pero con los roqueros ese vínculo alcanzó otro nivel de profundidad. Para ellos, Diego no solo era el mejor jugador de la historia, sino un colega. Era un artista por derecho propio. Es cierto que el estilo de vida licencioso que llevó, principalmente desde finales de los ochenta, los emparentó, pero la inmensa mayoría lo respetaban por su espíritu contestatario, ese que lo impulsó toda su vida a tirar los golpes hacia arriba y nunca hacia abajo. Diego personificaba los valores primordiales del *rock*: rebeldía, pasión, irreverencia, desmesura, genialidad. No en vano en su biografía *Yo soy el Diez* aseguraba que él se sentía muy a gusto con los roqueros y se identificaba con ellos. Ahora bien, irse de fiesta con Maradona lejos estaba de ser una experiencia sombría como sus detractores lo pintan y así lo confirmó el propio Fito Páez en una entrevista para el ciclo *Caja Negra*:

"Él era una persona en el ámbito del rock un poco salvaje. No sé cómo habrá sido ser su hija o su mujer en todo caso, pero como compañero de ruta o colega en la noche era lindo estar con él. Y todo terminaba bien siempre. Todo terminaba con una sonrisa. No terminaba de las maneras más oscuras, que es como se lo quiere contar a Diego muchas veces".

***

La faceta roquera de Maradona guarda muchas anécdotas y leyendas. Es sabido por todos que el Diez era un fanático de la música y que, además de todo, tenía muy buen oído para el canto. Sin ser un profesional, demostró más de una vez sus dotes vocales como, por ejemplo, en un programa de principios de los noventa que conducía el comediante Antonio Gasalla, donde se despachó con una gran versión del tango *El sueño del pibe* de los compositores Juan Puey y Reinaldo Yiso. Esa no era la primera vez que aparecería públicamente cantando. Dos meses después de ganar la Copa del Mundo en México, se unió al famoso dúo melódico Pimpinella para grabar *Querida amiga*, un tema que le dedicaría a su madre, Doña Tota —gran fanática de los hermanos Galán—. Ahora bien, el *rock* también corría por sus venas. Además de *manguearle* discos de Deep Purple a Pappo, Diego mismo contó alguna vez en el programa televisivo *Mar de fondo* que, en su última etapa como futbolista de Boca Juniors, todo el tiempo le pedía prestados los CD de Creedence Clearwater Revival y Chuck Berry a su compañero de habitación, Chirstian Traverso. Travuco, como solía llamarlo cariñosamente el Diez, contó, además, que en varias oportunidades el entrenador Héctor *Bambino* Veira debía retrasar las charlas técnicas previas a los partidos porque Diego se quedaba en su habitación escuchando a todo volumen al padre del *rock & roll*. Sabiendo esto, no resulta descabellado imaginar al Pelusa haciendo el *duckwalk* al ritmo de *Johnny B. Goode*. En esa misma entrevista, Maradona sorprendió cuando confesó que no había asistido a tantos recitales como hubiera querido. Dada su popularidad extrema, resulta fácil entender por qué Diego se veía imposibilitado de ver a sus artistas preferidos como uno más entre el público.

Sus primeros contactos públicos con el mundo de *rock* fueron a principios de los ochenta durante sus días como jugador de Boca Juniors. En 1981, la banda inglesa Queen llegó a estas tierras y marcó un hito en la historia de nuestra música por muchos factores. Primero que nada, en medio de una dictadura militar sangrienta y tan enemistada con lo popular, resultaba curioso que se haya permitido una serie de conciertos de estas características, en donde miles de personas podrían cantar consignas en contra de los genocidas. De hecho, según el mánager del grupo, Jim Beach, esto era algo que preocupaba por demás a los militares, en especial al general Roberto Viola quien asumiría la presidencia de la nación en pocas semanas. Uno de los encargados de traer el grupo a la Argentina fue Billy Bond, el antiguo cantante de La Pesada y organizador de la serie de *shows* que el grupo iba a dar en Brasil durante la gira de su más reciente álbum, *The game*. Años más tarde, el Bondo destacaría no solo la profesionalidad, sino también el despliegue escénico y técnico de la banda inglesa, algo nunca visto por estos pagos:

> "Vinieron 50 camiones con equipos que nunca habíamos visto en Sudamérica. El escenario tenía 70 metros, había 400 cajas de sonido de una tonelada cada una, luces, dos grabadores de 15 pulgadas en donde estaba parte de la ópera de Bohemian rapsody y 50 técnicos muy capos que armaron todo en pocas horas".

La parafernalia alrededor del concierto de Queen impresionó incluso a la prensa especializada de nuestro país que, aunque ya había recibido a músicos ilustres como The Police o Joe Cocker, ninguno de ellos había llegado en el pico de su fama como si lo hacía el grupo de Freddy Mercury. El 28 de febrero, en una calurosa noche de carnaval, los ingleses iniciaron su serie de *shows* con *We will rock you* y dejaron momentos épicos, como cuando el público emocionó hasta las lágrimas a Brian May durante *Love of my life*. En una de las entrevistas que Mercury otorgó durante su estadía de varios días en nuestro país, destacó la pasión roquera de los fanáticos argentinos: "Yo estaba acostumbrado a otro tipo de comportamiento y de reacción por parte del público. Pero los argentinos son increíbles y quiero volver muy pronto. Tengo que admitir que me encanta que la gente de aquí piense que soy un ídolo". Dada la situación política en ese entonces, la discográfica de Queen dispuso que los miembros de la banda

fueran acompañados en todo momento por un ejército de guardaespaldas y traductores. Esto no evitó, sin embargo, que los músicos pudieran disfrutar de salidas y fiestas en su honor y en una de ellas, realizada en Castelar, fue cuando el grupo conoció a Maradona. De acuerdo a lo que ha declarado el asistente personal de Freddy, Peter Freestone, el cantante no sabía muy bien quién era ese muchacho de melena enrulada: "Freddy no sabía muy bien quién era Diego, ya que nunca fue lo que se dice un aficionado del fútbol. Los muslos de los futbolistas puede ser". Aunque existe el rumor de que el cantante era fanático del Manchester United y que incluso compuso *We are the champions* en honor al equipo, no hay información precisa que contradiga la versión de Freestone. El resto del grupo, en cambio, sí lo era, en particular Brian May, que alguna vez escribió que "el espíritu de la búsqueda de la excelencia estaba vivo en la figura de Diego Maradona". Pese a no conocerlo, el cantante quedó encantado con el joven futbolista y, en cierta medida, pudo identificarse con él: los dos eran petizos y tenían una insaciable hambre de éxito. Un detalle curioso sobre este encuentro se dio durante una entrevista que le realizó la revista *Pelo* al cantante. Aunque Freddy solía mostrarse atento con la prensa local —mucho más complaciente que los tabloides ingleses— ese día en particular estaba muy cansado y no tenía muchas ganas de responder. Entonces llegó a un arreglo con su intérprete. Como ninguno de los periodistas de la *Pelo* sabía inglés, este le traduciría las preguntas al cantante para que supiera que le estaban preguntando. Mercury solo diría incoherencias, mientras que el traductor inventaría la respuesta. Cuando el intérprete compró la revista días más tarde, le sorprendió que la única respuesta no inventada fuera cuando le preguntaron a Freddy por su encuentro con Maradona. El 8 de marzo, la banda se despedía en la cancha de Vélez y fue en ese último recital en el que el futbolista salió en escena para presentar *Another one bites the dust*. Aunque Diego recién había firmado con Boca Juniors y el entrenador Silvio Marzolini le había prohibido asistir al concierto, él igualmente se apareció por el estadio junto a su compañero, el Chueco Alves. En el encuentro hubo intercambio de obsequios —Diego le regaló a Freddy una camiseta de la selección argentina y la banda le retribuyó el gesto obsequiándole, entre otras cosas, una corbata de Mercury y los palillos de Roger Taylor— y un fotógrafo inmortalizó la escena. El broche de oro fue cuando, en los bises, Mercury —vistiendo la camiseta argentina que Diego le había obsequiado— invitó al astro a subir para recibir la ovación del público y este agradeció "Yo quiero agradecerle a Freddy y a los Queen por hacernos tan felices. Y ahora: Otro que muerde el polvo". Años más tarde, al rememorar aquella noche, Diego recordó con cariño como lo habían tratado los miembros de la banda, aunque, fiel a su estilo, cerró con "Lástima que eran ingleses".

Unas semanas después del concierto de Queen, el Pelusa volvería a subirse a un escenario durante un recital de un artista internacional. En abril de1981 el músico de *reggae* Eddy Grant estuvo de gira por nuestro país a caballo de su más reciente éxito, *Living on the frontline* —el cual sería reversionado por Los Pericos años más tarde—. En uno de sus recitales que dio en el Luna Park, el cantante y guitarrista —que también era un gran fanático del fútbol— reconoció a Maradona entre el público e inmediatamente comenzó a pedirle que subiera al escenario. Aunque este se negó amablemente y le decía por señas que se encontrarían después del *show* (de hecho, en las grabaciones de aquel recital se le ve incómodo a Diego, como si se hubiese escapado otra vez de la concentración *xeneize*), la insistencia de Grant fue tanta que al futbolista no le quedó otra alternativa que caminar entre el público, subir al *stage* y, tras darle un abrazo al cantante, ponerse a bailar unos segundos al ritmo de la música. Después del evento, Maradona lo invitó a almorzar en su casona de Villa Devoto. Al día siguiente, todo estaba listo, y mientras Don Diego se encargaba de hacer el asado, el músico arribó a la casa del clan Maradona. Tremenda fue la sorpresa cuando se enteraron de que Grant era vegetariano, pero por suerte apareció la salvadora Doña Tota para conseguir de urgencia unos ravioles de verdura y hacer una rica salsa. La buena onda entre los dos artistas fue tanta que, cuando Boca Juniors se alzó con el título metropolitano de ese año, la revista *Radiolandia* le hizo una entrevista al cantante de nacionalidad guyanesa y este salió retratado con la camiseta *xeneize* que *Pelusa* le había obsequiado.

Damos un salto en el tiempo hacia septiembre de 1987, cuando Diego Armando Maradona ya era el rey del fútbol mundial y una celebridad por derecho propio. Pese a ser el verdugo de la selección de Inglaterra en México 1986, su nombre fue el primero en la lista de invitados de la Football Association para las celebraciones de un nuevo aniversario de la creación de la Football League, La Primera División inglesa. El evento incluyó también un encuentro con la familia real —Diego le pidió a su representante, Guillermo Coppola, que le sacara al Príncipe Carlos de encima porque este lo abrazaba todo el tiempo y el solo podía pensar en que el hermano del heredero al trono había estado en la guerra de Malvinas— y un partido amistoso entre los mejores futbolistas de la competición local y un combinado de estrellas mundiales. A la noche hubo una cena protocolar en la que el astro y su séquito estuvieron acompañados en todo momento por el gran Osvaldo *Ossie* Ardiles y, una vez finalizado el banquete, la comitiva entera se dirigió a Trumps, un popular boliche de la *city* londinense. En un momento determinado, Guillote Coppola se dirigió al baño y, para su sorpresa, allí se encontró a Rod Stewart ocupado en menesteres típicos de una estrella de rock. Sorprendido por la llegada del intruso, el músico comenzó a insultarlo, pero todo se calmó cuando Coppola se presentó como el mánager de Maradona. "¿Diego is here?" exclamó el cantante e inmediatamente le pidió a su agente que se lo presente. Guillote fue corriendo hasta donde estaba Diego, quien inmediatamente salió disparado al encuentro del músico. La noche terminó con el jugador y Rod tomado unos tragos en el mismo baño, mientras que en la puerta de entrada de los sanitarios un gorila de seguridad impedía que cualquier individuo con ganas de mear interrumpiera el encuentro de estas dos luminarias. Según el histórico representante de Diego, en un momento determinado, el cantante se bajó los pantalones para mostrarle que él también tenía piernas de futbolista. Como hemos visto hasta ahora, durante los primeros años de los ochenta, Diego tuvo contactos con algunos roqueros internacionales, pero no hay registros de algún vínculo con los popes del *rock* nacional. Algún trasnochado —grupo en el que se encontraba el autor antes de comenzar a escribir este libro— podrá pensar que esto se debió a que los músicos locales veían a Maradona una especie de ícono *grasa*. Nada más alejado de la verdad. Lo cierto es que el Diez siempre fue considerado como realeza y el hecho de pasar la mayor parte del tiempo en Europa impedía que los lazos se crearan. También es verdad que, en esa etapa de su vida, el lado salvaje de Diego todavía era solo un rumor. Ni más ni menos que eso. Esto no quiere decir que su figura no sirviera como inspiración o fuera tomada como referencia a la hora de componer canciones. Ya en 1982, Virus menciona al futbolista en su melodía "Me fascina la parrilla", una canción que figura en *Recrudece*, el segundo álbum de la banda liderada por Federico Moura. En este tema, la agrupación platense enumera las razones por las que Argentina es un gran país y entre las primeras está Diego ("Que maravilla, me fascina la Argentina / con la parrilla, yo me puedo copar / en esta zona lo tenemo' a Maradona / y a Mina Mona para ir a bailar"). Años más tarde, en 1990, Fito Páez fue uno de los primeros en componerle una canción a Diego. En *Y dale alegría a mi corazón* el músico rosarino no lo nombra en ningún momento y uno podría pensar que se trata de una melodía dedicada a un interés amoroso, pero en el arte del disco *Tercer mundo* no dejan dudas de que el destinatario de esos versos es Maradona. Cuando Páez canta "Y dale alegría a mi corazón / afuera se irán las penas y el dolor" uno no puede dejar de pensar en las palabras de otro campeón del mundo como Jorge Valdano:

> "Maradona fue más que un futbolista genial. Fue un factor extraordinario de compensación para un país que en pocos años vivió dictaduras militares y frustraciones sociales de todo tipo. Ofreció una salida a la frustración colectiva de la gente y por eso es adorado como una figura divina".

Como suele suceder con aquellos que vuelan tan cerca del sol como lo hizo Diego, a veces sus alas corren riesgo de quemarse y en la caída esperan los detractores de siempre, aquellos que no le perdonaban que, siendo pobre y bocón, llegara a lo más alto y les cantara las cuarenta a los más poderosos. El 26 de abril de 1991, los principales medios del país recibieron un aviso por parte de una fuente misteriosa: "Vayan para el edificio de la calle Franklin 896, en Caballito, que allí va a pasar algo que será noticia mundial". En ese momento, la presidencia de Carlos Saúl Menem estaba jaqueada por el Yomagate —el escándalo de la aduana paralela en el que estaban involucrados la cuñada presidencial, Amira Yoma, y su exmarido, Ibrahim Al Ibrahim, por entonces director de la Aduana de Ezeiza— y era necesario encontrar un escándalo más grande que opacara a la corrupción menemista. La detención de Maradona por posesión de estupefacientes fue esa noticia. Al día de hoy no quedan dudas de que desde el gobierno de Carlos Saúl Menem hubo un uso político de esta información de índole privada que, si bien era sospechada por todos, seguía siendo un asunto personal de Diego y de nadie más. El gobierno le retiró los honores de embajador que le había otorgado tan solo un año antes durante la Copa del Mundo Italia 1990. A partir de ese momento, el Pibe de Oro pasó a ser un drogón y un putañero que no merecía el cariño de la gente. El mundo del *rock*, un ambiente mucho menos careta a la hora de hablar de la fama y los problemas con los excesos, nunca lo juzgó y lo recibió como uno más. El lector no debe entender esto como una justificación a las adicciones que, en última instancia, terminaron haciendo estragos en la vida de Maradona, pero si como un acto de reconocimiento a la genialidad. Como bien le escribió Charly García durante una de las últimas internaciones que sufrió Diego antes de su muerte, él era alguien diferente y es imposible que la gente común y corriente entienda a los diferentes. Él era un genio y como tal debía luchar contra sus fantasmas de la manera que le fuera posible. Ya en esos días descontrolados de finales de los ochenta y principios de los noventa, Diego frecuentaba algunos músicos como Pappo y Juanse. Cuenta el líder de los Ratones Paranoicos que conocer al Pelusa fue todo un impacto —el primer encuentro se gestó por medio de Guillermo Coppola— ya que él había sido miembro de la barra brava de Boca Juniors durante ocho años y, a partir de ese momento, se gestó una relación de amistad que lo llevó incluso a tocar en el partido homenaje del astro.

Eventualmente, Maradona volvería a ser noticia por cuestiones futbolísticas. El 5 de septiembre de 1993, la selección argentina fue vapuleada 5 a 0 por Colombia en el estadio Monumental y, de buenas a primeras, lo que se pensaba como una segura clasificación a la Copa del Mundo USA 94 quedó en riesgo. Pese a ser bicampeón de la Copa América 1991 y 1993 y haber tenido un invicto de 31 partidos, el entrenador Alfio *Coco* Basile comenzó a ser fuertemente cuestionado por la prensa y los hinchas, quienes reclamaban el retorno de Maradona a la selección. Después de su sanción por dopaje positivo y la posterior suspensión por quince meses, Diego había dejado a Nápoles para irse junto a Carlos Bilardo al Sevilla de España, un movimiento pensado para llegar de la mejor manera posible a la próxima Copa del Mundo. Si bien fue convocado por el DT a principios de año para jugar contra Dinamarca la final de la Copa Artemio Franchi, en la Copa América de Ecuador 1993 el Coco Basile prefirió no arriesgarse a tocar a un equipo que incluso sin Diego venía dando cátedra. Además, tras un comienzo esperanzador en Sevilla, las actuaciones del Diez se tornaron irregulares y los escándalos tanto fuera como dentro del *field* se volvieron moneda corriente. Cuando Colombia le propinó a la Albiceleste una paliza histórica, el propio Diego estaba en las tribunas viendo cómo la selección cafetera de Valderrama, Rincón, Asprilla y Valencia se floreaba ante un público argentino que terminó ovacionándolos. Durante el partido, las cámaras de televisión enfocaron a un Maradona, que no podía ocultar su gesto de frustración por lo que estaba pasando en la cancha y, en un momento determinado, los hinchas comenzaron a gritar "*Diegoooo, Diegooo*" ya no como un grito de guerra, sino como una manera de reprobar al equipo. Su retorno para el repechaje contra la selección australiana ya era un hecho. Para ese entonces, y tras su segundo ciclo en fútbol español, Maradona recientemente se había transformado en futbolista de Newell's Old Boys. La historia de su fugaz paso por Rosario —apenas jugó 7 partidos del Torneo Apertura 1993— comenzó a tejerse días antes la paliza colombiana, cuando el astro tenía todo acordado con la dirigencia de Argentinos Juniors, pero un apriete de la barra brava del club, donde le exigieron 50 000 dólares, hizo que el fichaje naufragara. Su debut oficial en el conjunto leproso ocurrió el 10 de octubre, en la visita con derrota 3 a 1 frente a Independiente de Avellaneda. Unos días más tarde, el futbolista se integró al plantel argentino que viajó a Sídney para medirse contra el seleccionado de Australia. Pese a la trabajosa clasificación, el retorno de Diego al equipo nacional despertó la ilusión de la gente que otra vez veía la posibilidad de llegar a instancias definitorias en la Copa del Mundo. El propio Diego se sometió a una pretemporada especial en la provincia de La Pampa, como si se tratase de Rocky Balboa preparándose en el duro frio soviético para la pelea del siglo frente a Iván Drago.

Días antes de que el plantel argentino viajara a tierras estadounidenses, Maradona recibió una visita especial en la concentración del seleccionado. Andrés Calamaro y Fito Páez se dejaron caer allí para desearle suerte al astro y cantarle una serenata. Debido a que los derechos televisivos del equipo nacional estaban en manos de TELEFE y el encuentro entre el futbolista y los músicos lo gestionó Canal 13, el minirecital se realizó en las puertas del predio que la AFA posee en Ezeiza. La alegría de los músicos era palpable, en especial en el líder de Los Rodríguez, que no podía disimular la fascinación que le causaba estar cerca de Diego. Aunque este era el primer contacto formal entre el futbolista y Calamaro —con Fito ya había compartido una entrevista— el Pelusa sentía una especial conexión con Andrés gracias a la canción *Mi enfermedad*. Cuando el astro la escuchó por primera vez, realmente creyó que Calamaro la había compuesto pensando en él. En ese entonces Diego estaba en un momento complicado de su vida, cumpliendo la suspensión de quince meses impuesta por la federación italiana por un dopaje positivo y esa canción casi que se transformó en un himno para él. Este sería el primero de varios encuentros en donde el vínculo entre

Andrés y Maradona se volvería mucho más profundo que la mera complicidad entre dos trúhanes de la noche y así lo dejó en claro ante los medios Calamaro un día después de la muerte del *crack*:

"Conocí a Diego Maradona como persona en los noventa. Fuimos con Fito a cantarle una serenata al entreno de la selección argentina y terminamos brindando a tres voces para que la salud no le falte a la humanidad. Compartimos muchas cosas, su picardía, su inteligencia, su buen corazón y su humildad. Se le despide con gloria y con honor (...) Tuve el honor de ser su amigo. Fue un personaje bohemio, un poco truhan, un poco señor. Bohemio y soñador, eso fue Diego en la vida. Nos dio 60 años de las más profundas alegrías".

A finales de los noventa, Calamaro también se unió a la larga lista de artistas que le compusieron una canción al astro. "Maradona", que fue editada en su premiado álbum doble *Honestidad brutal*, abre con un Diego visiblemente emocionado agradeciendo el homenaje y la canción deja una frase inolvidable como "Es un ángel y se le ven las alas heridas / es la biblia junto al calefón", que define a la perfección todo lo que fue el personaje. Cuenta el periodista Bebe Contepomi que, durante la grabación de esta canción, Diego se dejó caer en Circo Beat —los estudios de Fito Páez en donde Calamaro estaba trabajando en su disco— y el músico no lo dejaba irse y que, cuando se realizó la presentación del disco en Hotel Suipacha, Maradona fue uno de los presentes. En esa jornada, Diego pasó a saludar al músico por su suite antes de la conferencia y le pidió que le mostrara como había quedado su canción. Calamaro insistió en hacerle escuchar todo el disco que, aunque era un álbum genial, contaba con 38 pistas. Para no decepcionar a su amigo, Diego aceptó el convite y escuchó pacientemente cada una de las melodías de *Honestidad brutal*.Si la relación con Andrés Calamaro comenzó en la previa del Mundial 1994, cuando todo era esperanza y alegría, el vínculo entre Diego y Charly García se transformó en amistad en el momento más triste, cuando la FIFA le cortó las piernas al astro. Ambos ya se conocían por medio de Fabian *Von* Quintiero, el Zorrito, por ese entonces músico estable de la banda de Charly y dueño de

Soul Café, y habían compartido alguna que otra juerga, pero fue durante los meses posteriores a la expulsión de USA 94 en la que sellaron una amistad a prueba de balas gracias a *Maradona blues*.

La historia es bien conocida por todos. La selección argentina comenzó la Copa del Mundo de manera formidable con una goleada 4 a 0 frente a la selección de Grecia. En ese partido, donde Diego fue figura y marcó un golazo de antología, el equipo de Alfio Basile dejó bien en claro que era serio candidato al título, condición que revalidó en el segundo encuentro con victoria 2 a 1 a Nigeria. Cuando Diego salió del *field* del Foxboro Stadium de Boston con la enfermera Ingrid María de la mano, nadie se imaginaba el infierno que se desataría 48 horas más tarde.

"Hay un positivo: es Vásquez o el Pibe". Esa frase de Julio Grondona bastó para que un grupo de periodistas que hacían la cobertura mundialista dejaran la cena de lado y comenzaran a elucubrar el peor de los escenarios. Nadie se animaba a decir nada, pero todos pensaban lo mismo. La historia previa de Diego era un antecedente que pesaba demasiado en la memoria. Aun así, en el entrenamiento del día siguiente Maradona se mostró como siempre, feliz y disfrutando lo que posiblemente sería su último Mundial. Ese semblante generó en todos la esperanza de que el positivo fuera de Sergio Vázquez, pero no. Era de Diego. La sustancia detectada no fue cocaína, sino efedrina, un componente considerado anabolizante que Diego tomó sin saberlo. El culpable fue Daniel Cerrini, un *personal trainer* que colaboró con la puesta a punto del jugador en La Pampa y que le sugirió usar un suplemento para adelgazar de venta libre. Ya en Estados Unidos, Cerrini —que no era médico— se confundió de pastillas en la farmacia y le entregó a Diego el suplemento que contenía, entre otros componentes, la efedrina. La contrapueba arrojó otra vez el mismo resultado. Todo era hermetismo en la concentración argentina y nadie se animaba a arriesgar un pronóstico. Quienes le dieron la noticia de su expulsión fueron el Profe Signorini y Óscar Ruggeri: "Diego, listo. Se acabó. Nos vamos". La noticia fue una bomba que dejó a la Argentina es estado de *shock*. Unas horas más tardes, un Diego totalmente destruido juraba ante las cámaras que él no se había drogado y dejaba para la posteridad una frase que resumía todo el pesar de un país entero: "No quiero dramatizar, pero creeme que me cortaron las piernas".

Cuenta la historia que *Maradona blues* nació en esas horas de dolor. Charly García se encontraba en Madrid participando de las grabaciones de *Convocatoria*, el álbum solista de Claudio Gabis, cuando por la tele vieron la noticia de que la FIFA decidía suspender a Diego Maradona de la Copa del Mundo USA 1994. Entre la bronca y la desazón, Charly experimentó un súbito arrebato de inspiración y junto a Gabis estuvieron durante toda la madrugada trabajando en una progresión de acordes. García comenzó a improvisar una letra y, tras dos días de arduo trabajo, pudieron armar la toma final de la canción. *Maradona blues* no era una alegoría a las glorias pasadas ni una enumeración de los enemigos a los que Maradona derrotó dentro y fuera del campo de juego. Era una canción triste, en donde Charly simplemente le decía que no pasaba nada, que lo iba a seguir queriendo igual sin importar en que lio se meta ("No sé qué droga te arenga más que yo / pero esta lluvia no pasó / estoy llorando aquí por vos / sí señores"). Unos meses después del Mundial, García festejo su cumpleaños en el programa del periodista Mauro Viale y uno de los invitados de honor fue Diego. En esa emisión, la primera vez que ambos coincidieron delante de las cámaras, Charly le tocó a su amigo *Maradona blues* y el astro no puso disimular la emoción. Con los años, los encuentros fueron muchos y en todos ellos hubo historias para contar. Según el Zorrito Von Quintiero, Charly sentía un cariño paternal por Maradona —era casi 10 años mayor que él— y cuando se encontraban en alguna de esas noches salvajes, el músico se ofrecía a cuidarlo —vaya a saber uno a qué se refería con eso—. El día que Maradona tuvo su partido homenaje el 10 de noviembre de 2001, García fue uno de los invitados más importantes. Cuentan los que estuvieron allí que, tras saludarlo en el vestuario antes de que comenzara la fiesta, García erró el camino a los palcos y terminó saliendo al campo, donde se sorprendió con la ovación que regaló la hinchada de Boca pese a ser un hincha confeso de River Plate.

La lista de roqueros argentinos con los que Diego tuvo relación no se corta allí. A mediados de los noventa, Andrés Ciro Martínez de Los Piojos le compuso el himno "Maradó", una de las canciones más icónicas de la banda que formó parte de *Tercer arco*, su álbum de 1996. En ese momento Diego ya había vuelto a la Argentina para cerrar su carrera jugando en Boca Juniors y Martínez le hizo llegar un demo de la canción a través de la maestra jardinera de una de sus hijas, que casualmente era conocida de la banda. El miedo del cantante era que el jugador no estuviera conforme con la melodía y por eso buscaba su aprobación. El primer encuentro entre ambos se dio en un boliche, cuando Martínez se le acercó con un amigo para presentarse. Diego inmediatamente lo abrazó y le dijo: "Gracias por escribirme esa canción, maestro. Pedime lo que quieras". El cantante se quedó sin palabras, pero por suerte su amigo estaba más rápido de reflejos y lo invitó al *show* que la banda iba a dar en el estadio de Obras Sanitarias. Cuando Diego salió al escenario antes de que sonara su canción, la ovación fue tan estruendosa que el jugador se quedó con ganas de más. Al día siguiente volvió a Obras para ver el segundo recital —había querido llevar a sus hijas, pero su esposa Claudia no se lo permitió— y le llevó un regalo a Andrés: el par de botines que había usado en su último encuentro. Esa noche la banda incluyó el tema *El Farolito* en su *setlist* por expreso pedido del Diez.

Mientras que con muchos músicos Diego tejió relaciones duraderas, con otros apenas si mantuvo contactos efímeros, pero con todos tuvo buena onda. Con Gustavo Cerati solo se cruzó una vez, en el gimnasio del extenista Guillermo Vilas, pero eso alcanzó para que el futbolista le dijera al pasar: "Chau, maestro" y le diera la mano, un gesto que dejó perplejo al ex de Soda Stereo. Con Luis Alberto Spinetta el contacto se dio a través de su hijo Dante, aunque el Flaco siempre había tenido palabras elogiosas hacia él:

> "Maradona no necesitaba hacer un gol con la mano, porque después demostró que podía hacer un gol increíblemente mejor. Esa es la habilidad de un dios, no de un delincuente. Y eso es lo que algunos no entienden. Les gusta más la parte oscura de Maradona que la parte del genio iluminado. Me tiene podrido eso, me parece que la gente no sabe respetar a sus dioses".

De hecho, cuando se confirmó su regreso a Boca Juniors en 1995, Luis festejó el suceso pese a ser un hincha confeso de River Plate:

"El regreso de Maradona es un bien para el fútbol mundial. Además, pienso que él es profundamente inocente. En serio. Diego no hizo nada reprochable, sobre todo teniendo en cuenta que en este país se ha soltado a quienes han cometido crímenes espantosos. Con sinceridad digo que lo único que lamento es que sea hincha de Boca Juniors. Él es un genio de fútbol mundial al que llegué a conocer personalmente y al que sé que le gusta mi música. Yo no puedo olvidar que él fue el tipo que nos hizo llorar emocionados, el que sacó campeón a la Argentina en 1986 y el mismo que jugó con el tobillo destrozado en 1990. Para mí, Maradona es un héroe argentino con todas las letras. Lástima que sea de Boca".

Un tiempo más tarde de estas palabras, el Flaco tuvo que afrontar el asedio periodístico cuando se confirmó su romance con la modelo y actriz Carolina Peleretti y, para darle un mensaje a la prensa, pensó en hacerle un homenaje indirecto al Diez. Una noche, acorralado por los fotógrafos, la pareja accedió a sacarse unas fotos, pero con un detalle: el Flaco apareció con un letrero colgado con la inscripción "Leer basura daña la salud, lea libros". La frase original era "Diego, pasame los balines que te sobraron" en referencia al incidente cuando Diego disparó con un rifle de aire comprimido a periodistas que lo asediaban en la puerta de su quinta. Finalmente, Spinetta no utilizó esa frase por miedo de que a Maradona le cayera mal.

***

En marzo de 1998 Diego tuvo la oportunidad de conocer a dos de los músicos más importantes del mundo en ese momento, aunque él no sabía bien quiénes eran. Ese año la banda inglesa Oasis tocó por primera vez en Buenos Aires para presentar *Be here now*, su álbum más reciente. Tras el último de los dos recitales que dieron en el Luna Park, Liam y Noel Gallagher fueron conducidos a una fiesta en un popular boliche de un hotel porteño. En un momento determinado, los ingleses vieron sorprendidos como un contingente de 30 personas que incluía varias chicas y muchos guardaespaldas entraba rápidamente en el recinto y se robaba la atención de todos los presentes. Cuando se enteraron de que en medio de ese tumulto estaba Maradona, le rogaron a su intérprete que, por favor, los llevara a conocerlo. Tras varios minutos de gestiones entre el traductor y la comitiva del astro, finalmente, solo los Gallagher tuvieron la chance de sacarse una foto con él e intercambiar unas palabras. Aunque Maradona no sabía muy bien quiénes eran estos hermanos provenientes de Mánchester, inmediatamente reparó en Liam, el más buen mozo de los dos, y le dijo al intérprete que le transmitiera un mensaje: "Si venis a buscar chicas a mi grupo, te mando a matar". El propio Liam relató esta historia años más tarde y aseguró que pocas veces se sintió tan intimidado como aquella vez. Otros roqueros internacionales que pidieron conocer a Diego en su momento fueron Bono y Slash. El cantante de U2 se dio el gusto en 2006 cuando la banda vino a la Argentina en la gira de *Vertigo* y la reunión se dio minutos después de que terminara uno de los *shows*. Diego estaba acompañado por una de sus hijas, que hizo de traductora e intercambió presentes con el cantante irlandés. Slash, en cambio, se quedó con las ganas en 2011, ya que, cuando el guitarrista de Guns N' Roses vino a tocar a nuestro país, Maradona estaba con problemas de agenda y no pudo siquiera llamarlo por teléfono. Eso sí, se encargó de hacerle llegar una camiseta de la selección argentina autografiada, un tesoro que el violero cuenta entre sus objetos más preciados.

***

Rolling Stone es la revista dedicada a la música y la cultura popular más importante del mundo. Fundada en la ciudad de San Francisco en 1967 por Jann Wenner y el crítico musical Ralph J. Gleason, con los años se transformó en la referencia editorial del mundo del *rock*. Aparecer en la portada, un honor reservado en los inicios a los músicos más importantes, no solo otorgaba credibilidad a un artista, sino que le garantizaba una masividad sin precedentes. Con los años, las tapas dejaron de estar dedicadas solo a la música e incluyeron también a deportistas, actores y hasta incluso políticos. En los ochenta comenzó a editarse en Francia la primera edición internacional —en Australia empezó a fines de la década del sesenta, pero solo como un suplemento interno de otra publicación local—, lo que amplió cada vez más el radio de influencia de la publicación. En 1998, finalmente le llegó el turno a la edición argentina, la cual sería comercializada también en países limítrofes, y conseguir Maradona en la tapa se volvió el objetivo número uno para la editorial. La oportunidad llegó finalmente en 1999 y quien escribiría la nota sería Daniel Arcucci, periodista amigo del Diez y *ghostwriter* de su autobiografía junto a Ernesto Cherquis Bialo. Como todo en la vertiginosa vida del Diego de finales de los noventa, la concreción o no del reportaje

era una cuestión que se decidía a último momento. Solo había una oportunidad. Si el astro accedía, había que dejar todo y salir corriendo, sin importar que estuvieran haciendo el periodista y los fotógrafos. En la extensa entrevista de Arcucci, Maradona no le esquivó a ningún tema. Habló con franqueza de su adicción a la cocaína, de política, de fútbol, de sus contradicciones y de cómo se sentía vivir siendo el tipo más famoso del planeta. Y también dejó un párrafo para sus amigos los roqueros y en especial para el Indio Solari, con quién nunca tuvo un encuentro personal, pero sí intercambiaron mensajes de apoyo por medio de terceros o algún llamado telefónico:

> "Ellos profundizan mucho más en el estado de ánimo de las personas que otros, que la persona común. (...) Yo tuve la suerte de cambiar muchas ideas con ellos y me parece que están al servicio de la gente. O sea, le cantan a la gente la realidad de un país. Y yo vivo la realidad de mi país, aunque por ahí digan que, porque me di un saque, no puedo hacerlo. Ojo, yo me di un saque, pero no me morí, ¿eh? Y porque sé de qué se trata, puedo tener una firmeza que otros no tienen... Nosotros no levantamos la bandera 'Viva la droga', al contrario. Nosotros queremos que no la vendan más y que no sea una enfermedad. (...) No escuchaba mucho a los Redondos, pero el bardo argentino me hizo acercar a ellos, a lo que dicen. Y me parece que, si nosotros queremos una realidad argentina distinta, los que entran son los Redondos. Y no entran los que nos mienten todos los días".

CAPÍTULO 11

BONUS TRACK

EL ROJO JOE

En la historia del *rock*, pocas voces fueron tan características como la de Joe Cocker. Apodado El León de Sheffield por sus alaridos que se asemejaban al rugido del rey de la selva, antes de irrumpir en la escena *mainstream* de la música Joe se ganaba la vida como gasista mientras actuaba en distintos clubes nocturnos de su ciudad natal cantando canciones de Ray Charles, Chuck Berry y otros héroes de la prehistoria del *rock & roll* y del *blues*. Su primer gran éxito comercial lo tuvo en 1968, reversionando *With a little help from my friends*, un alegre tema de sus amados Beatles que en su voz se transformó en una canción con un peso dramático y fuerza nunca antes vistas. Como sucedió cada vez que interpretó una composición de otro artista, Joe Cocker se apropió de ella. Igual suerte corrieron también Unchain my heart de Ray Charles, Have a little faith on me de John Hiatt o Feeling alright de Traffic. Y cuando no conseguía hacerlas suyas -algo que rara vez pasaba- sus interpretaciones nada tenían que envidiarle a las originales (su versión de Never tear us apart de INXS es igual de buena que la de Michael Hutchence).

Su consolidación como uno de los grandes roqueros de finales de los sesenta y principios de los setenta tuvo algo de inesperado, ya que lo hizo alejado de la psicodelia y la experimentación que eran la norma de aquella época. Además, su apariencia desalineada y común contrastaba con la de Mick Jagger, Rod Stewart o David Bowie, otros grandiosos vocalistas que, además, se transformaron en íconos de la moda. Finalmente, fue su apoteótica actuación en el festival de Woodstock —donde compartió cartelera con artistas de la talla de Creedence Clearwater Revival, Jimmy Hendrix, The Who, Janis Joplin, Carlos Santana y Jefferson Airplane, entre otros— lo que lo colocó en el Olimpo del Rock. Como es usual en el ambiente, su salto a la fama vino acompañado de un festival de excesos variados que lo llevaron al borde del abismo en más de una ocasión durante los años setenta. Y fue en esos días de descontrol en los que el cantante hizo su primera visita a la Argentina.

El 10, 11 y 12 de agosto de 1977, Joe Cocker deslumbró a miles de fanáticos locales que colmaron el estadio Luna Park durante las tres presentaciones del cantante. Sin duda, se trató de uno de los *shows* de la década, en una época en donde los artistas internacionales no solían bajar a estas tierras. En plena dictadura militar, cualquier demostración de rebeldía juvenil era reprimida por los siniestros grupos de tareas. Cualquier espectáculo de este tipo podía terminar en emboscada. Previsiblemente, el cantante y su entorno estuvieron tan sumergidos en sus excesos que ni cuenta se dieron. Cuenta Peter Deantoni que la dieta de Joe por esos días era un coctel de cocaína, whisky y vino tinto. En propias palabras de Deantoni, Cocker "echaba fuego por las narices". De hecho, en migraciones fue Peter quien debió contestar las preguntas de la policía militar, ya que el contingente de pelilargos —que incluía a Bobby Keys, el histórico saxofonista de los Rolling Stones— apenas se podía mantenerse en pie. La estadía del *León de Sheffield* en suelo argentino dio lugar a varias leyendas urbanas que se han repetido al hartazgo y que al día de hoy son tomadas como ciertas. Algunos dicen que se juntó a tomar cocaína en Ramos Mejía con Pajarito Zaguri, cantante de Los Beatniks y Los Náufragos, dos de las bandas pioneras del *rock* nacional. Otros lo sitúan en una situación similar en la ciudad de Quilmes. Pero la más curiosa de todas incluye un encuentro salvador con la barra brava de Independiente.

La historia es más o menos así. Supuestamente, Cocker se escapó del hotel Sheraton de Retiro para probar de primera mano los placeres que podía ofrecerle la noche porteña. Tras caminar unas cuadras, el cantante se subió al colectivo de la línea 45 que iba hasta Avellaneda y terminó en las puertas del bar El Vómito, lugar donde los hinchas caracterizados del Rojo paraban para tomar algo durante la semana y hacer la previa los días de partido. Esa noche en cuestión, se encontraba en el bar la primera línea de la barra de Independiente, compuesta por Pistola, el líder, y varios lugartenientes con apodos tales como Bala, Carucha, Cara de Loco o Pantera. De repente, un colectivo de la línea 45 frenó bruscamente debido a una batahola que tenía lugar dentro del micro. Para el asombro de todos los parroquianos que se encontraban en el boliche, el chofer del vehículo abrió las portezuelas del coche y puteando arrojó a un hombre de su interior. Tras cerrar la puerta, el colectivo se perdió en la noche.

El expulsado no era otro que Joe Cocker. Quien reconoció al cantante, gracias a un cartel convenientemente pegado en la pared, fue el Gallego Lomba, hijo del dueño del bar. Mientras tanto, el músico inglés estaba en un estado tan deplorable que ni siquiera podía balbucear dos palabras coherentes. Supuestamente, fue el propio Lomba quien se acercó y le preguntó en un improvisado inglés si él era realmente Joe Cocker. Ante la respuesta afirmativa, la barra metió a Joe dentro del bar para reanimarlo un poco y de paso tomarse media botella de whisky con los muchachos. Después de un rato, la barra de Independiente hizo una colecta para pagarle el boleto de colectivo. Cuando paró otro coche de la línea 45, los hinchas caracterizados del Rojo le dieron precisas instrucciones al chofer para que dejara al cantante en las puertas del hotel Sheraton. Aunque Peter Deantoni niega que tal historia haya ocurrido, un *plomo* de aquellos años llamado Osvaldo Mario Castedo aseguró que fue él quien encontró al músico sentado en el cordón de la vereda, todo borracho, por Paseo Colón, frente al Sheraton balbuceando "¡Soy del Rojo!" en un castellano indescifrable.

THE BEST

El fútbol también ha servido como inspiración para grandes himnos del *hard rock*. El cantante y bajista de Thin Lizzy, Phil Lynnot, se volvió muy amigo de George Best, gracias a que su madre era la encargada del Clifton Grange Hotel, un establecimiento frecuentado por celebridades y miembros prominentes del mun-

do criminal local. Lynnot, fanático del United pese a haber pasado su niñez viviendo en Dublín con su abuelo materno, entabló relación con varios parroquianos famosos del lugar, quienes tenían especial aprecio por el muchacho, ya que su madre mantenía abierto el bar toda la noche. Entre estos se encontraba Best, quien solía concurrir al lugar acompañado de Jimmy *The Weed* Donnelly, uno de los jefes de la Quality Street Gang, la pandilla más peligrosa de Mánchester. Muchas de las vivencias que Phil Lynnot tuvo en el hotel Clifton, las volcó en las composiciones de Thin Lizzy y para escribir *The boys are back in town* —la que terminaría siendo su canción más famosa— se inspiró en una de esas noches descontroladas que pasó junto a Donnelly, su pandilla y George Best.

LOS PIBES DE LEMMY

Lemmy Kilmister no era un gran fan del fútbol. Pese a haber nacido en Staffordshire, hogar de equipos como el Stoke City, el Port Vale y el Burton Albion, el bajista y líder de Motorhead nunca sintió una afición particular por este deporte. Lo suyo era la lucha libre de la WWE —fue muy amigo del famoso luchador Triple H— y el billar. Sin embargo, en 2006 se dio una peculiar situación en la que el mítico músico inglés decidió patrocinar a un equipo de niños. Todo comenzó cuando Gary Weight, entrenador del Greenbank FC de la ciudad de Lincoln, se acercó a él para pedirle ayuda. En su juventud, Weight había tocado en distintos grupos de *rock* y había tenido contacto con Lemmy en alguna ocasión. Cuando el entrenador le planteó al bajista la posibilidad de ser una especie de padrino del Greenbank, Lemmy aceptó gustoso y les regaló un juego completo de camisetas negras con la imagen de Snaggletooth, la famosa mascota de la banda. Pero eso no era todo. Cada vez que este equipo de niños menores de 10 años pisaba el césped, lo hacía con *Ace of spades* de fondo como una manera de incentivarse y, de paso, intimidar a sus pequeños rivales.

ESCOCIA, EL CELTIC Y UN PAR DE PIERNAS CALIENTES

Pese a ser oriundo del norte de Londres, Rod Stewart siempre tuvo su corazón puesto en Escocia. Hijo de Robert Joseph Stewart, un plomero y maestro mayor de obras escocés que llegó con su familia a la capital inglesa en plena Segunda Guerra Mundial, Rod fue el menor de cinco hermanos y el único que no nació en Edimburgo. En la elección de sentirse más escocés que inglés mucho tuvo que ver su padre, pero también sus tíos y sus hermanos mayores, quienes nunca dejaron que el muchacho se olvidara de sus raíces. A tal punto llegaba esta pasión por la selección escocesa que, el 30 de julio de 1966, la familia Stewart apagó la televisión cuando se hizo evidente que Inglaterra iba a derrotar a los alemanes para coronarse por primera y única vez como campeona del mundo.

Ahora bien, durante muchos años se dijo que, en algún tiempo en su adolescencia, el joven Rod fue parte de la academia del Brentford, un equipo profesional que había tenido sus mejores días a principios del siglo XX y que por ese entonces militaba en la Tercera División del fútbol inglés. Pese a ser un buen jugador y contar con chances de hacerse un lugar en el primer equipo, Stewart teóricamente puso fin a su incipiente carrera como profesional cuando se enteró de que los chicos de la academia debían limpiar las botas del primer equipo y ordenar los vestuarios. Era una historia grandiosa que Rod dejó correr durante mucho tiempo, pero totalmente falsa, como él mismo admitiría en su autobiografía. Esto no quiere decir que no haya hecho una prueba para jugar en el Brentford. Como la mayor parte de los chicos ingleses, era fanático del fútbol y del *cricket* y se desatacaba en ambas disciplinas. A los 15 años, el muchacho tuvo su prueba con el cuadro de Tercera División, pero seguramente no lo hizo muy bien, ya que el teléfono de la familia Stewart no sonó. Ese fue el final de su intento de carrera como futbolista. Con los años admitió que eso fue lo mejor que le pudo haber pasado: "La vida de un músico es mucho más fácil y, además, me puedo emborrachar y hacer música al mismo tiempo. Jugar al fútbol estando borracho es mucho más difícil".

Cuando se hizo evidente que la vida escolar no lo iba a llevar a ningún lado, Rod Stewart comenzó a ayudar a su padre en su nuevo negocio, un puesto de diarios, pero no duró demasiado con él y decidió pedir empleo como sepulturero en el cementerio Highgate para así tener mayor independencia. En esos años también comenzó a rondar el ambiente musical londinense, incursionando en distintos proyectos, pero su primer trabajo formal como músico lo consiguió recién en 1963 cuando se unió como armoniquista y segunda voz del grupo The Dimensions. Tiempo más tarde, en 1967, ingresó como vocalista —y ocasional compositor— de la Jeff Beck Band y ese sería el momento en que su carrera como cantante comenzaría a despegar. La década siguiente fue la época de la consagración, alternando su exitosa carrera solista con su activa colaboración con los Faces, una banda que se formó como un desprendimiento de los Small Faces tras la partida del cantante y guitarrista Steve Marriot.

Pese a ser un ferviente fanático de la selección de Escocia, durante la primera parte de su vida, Stewart fue simpatizante del Manchester United, entre otras cosas por la cantidad de futbolistas escoceses que militaban en ese equipo. Pero todo cambió en 1974 cuando fue con los Faces a dar un concierto a la ciudad de Glasgow. Kenny Daglish, el mítico delantero multicampeón con Liverpool, era en ese entonces una de las figuras del Celtic y ese día estaba entre el público junto con sus compañeros Jimmy Johnstone, Dixie Deans y George McCluskey. Tras el *show* todos fueron a bambalinas para conocer a la banda y Daglish, quien inmediatamente hizo buenas migas con Stewart, lo invitó al día siguiente a concurrir al entrenamiento del equipo. Esa invitación selló un amor que sería de por vida.

Durante el entreno, Rod tuvo la posibilidad de conocer al gran Jock Stein, una leyenda viviente de los *hoops*. Durante su largo ciclo como entrenador del Celtic —más de una década—, Stein escribió la página más importante de su historia al llevar al club a ganar la Copa de Europa 1966/67 derrotando 2 a 1 en la final al Inter de Milán (los escoceses eventualmente perderían la final de la Copa Intercontinental contra Racing Club de Avellaneda). También consiguió 10 ligas y varias copas locales, transformándose en uno de los mánager más ganadores en la historia del club.

A partir de ese encuentro con las estrellas del Celtic, Rod Stewart se volvió un fanático enfermizo del club escocés. Dada su intensa actividad durante los setenta, el propio músico admitió que no pudo concurrir a demasiados partidos durante esa época, pero a partir de los ochenta se volvió un habitual cada vez que los *hoops* jugaban de local. A mitad de los noventa, cuando el club atravesó dificultades financieras y cerca estuvo de desaparecer, Stewart se involucró para intentar salvar al cuadro de sus amores. Siendo una estrella mundial de la música y un hincha reconocido, su palabra era atentamente escuchada, y cuando dio su apoyo al empresario canadiense Fergus McCann para que este se transformara en nuevo propietario del Celtic, los hinchas también pusieron su voto de confianza en el mandamás. McCann le devolvió el favor otorgándole un asiento vitalicio en el palco de la directiva, lugar que comparte junto a los jugadores que se consagraron campeones de la Copa de Europa. En ese mismo palco estaba el 7 de noviembre de 2012 cuando las cámaras de televisión lo captaron llorando emocionado segundos después de que el Celtic derrotara 2 a 1 al poderoso FC Barcelona de Leo Messi, Xavi e Iniesta. Durante ese *match* válido por la fase de grupos de la Champions League 2012/13, el equipo español fue el dominador absoluto y llegó a tener la posesión del balón durante el 89% del tiempo de juego. De hecho, solo en la segunda mitad Barcelona monopolizó la pelota registrando un 97% de posesión, un récord mundial. Así y todo, los apenas 47 segundos en los que el *team* local pudo manejar la pelota durante el complemento fueron suficientes para que el joven delantero Tony Watt marcara el 2 a 0 que prácticamente sellaba el resultado —el primer tanto había sido obra de keniano Victor Wanyama a los 20 minutos del primer tiempo—. Aunque la Pulga Messi logró descontar en los segundos finales del encuentro, la heroica resistencia del Celtic permitió lograr un triunfo histórico. La imagen de Rod Stewart llorando como un niño mientras se abrazaba a sus compañeros de palco recorrió el mundo. Ahora bien, su amor incondicional por el Celtic no necesariamente lo hace intocable ante los ojos de los hinchas y eso quedó demostrado en 2019 cuando el músico felicitó en redes sociales al conservador Boris Johnson el día en que este fue elegido como primer ministro de Inglaterra. Principal impulsor del Brexit y contrario a la independencia de Escocia entre otras posturas cuestionables, Johnson es un dirigente político que nunca fue bien visto por la hinchada de los *hoops*, cuya abrumadora mayoría se identifica con el nacionalismo escocés y el Partido Laborista. Por esta razón, a los pocos días apareció en las tribunas del Celtic Park una pancarta bien grande que decía: "Los tories no son bienvenidos. Andate a la mierda, Rod".

Como ha quedado demostrado, Rod Stewart es un gran fanático del fútbol y esa pasión le ha costado una pequeña fortuna en viajes a la hora de seguir al Celtic y a Escocia. Lo que muy pocos recuerdan es que ese fanatismo también casi le cuesta la vida al quedar en medio de una balacera durante la Copa del Mundo 1978. Esta historia comienza a principios de ese año, cuando Rod llega a los puestos altos de los *charts* con la canción *Ole ola (mulher brasileira)"*, una canción especialmente compuesta para celebrar la participación escocesa en Argentina 78. En la canción, un híbrido de reminiscencias brasileras con percusión caribeña que nada tenía que ver con los ritmos argentinos, el cantante augura que sus muchachos irán por la gloria eterna:

> "Cuando las camisetas azules corran por Argentina / el golpeteo de nuestros corazones será como el de un tambor. Pero rápidamente toma coraje y deja de lado el pudor y la cautela. El ejército de Ally tiene todo bajo control / No es solo imaginación/ ni siquiera especulación / La meta de Escocia es traerse la copa a casa".

En honor a la verdad, las esperanzas de Rod no eran infundadas. En ese momento Escocia era una de las selecciones europeas más duras y contaba con jugadores del calibre de Archie Gemmill, Joe Jordan y Kenny Daglish, entre otros. Sentado en el banquillo se encontraba Ally MacLeod, entrenador que llegó al puesto en mayo de 1977 tras una buena temporada al frente del Aberdeen. El éxito fue inmediato para este mánager, ya que, en sus primeros meses en el cargo, se dio el gusto de derrotar a Inglaterra en el mismísimo estadio de Wembley y así sellar el pase definitivo a la Copa Mundial. Cuenta la leyenda que, para ese partido, Rod Stewart y Elton John apostaron por sus respectivas selecciones y acordaron que el perdedor debía pagar un viaje a la Argentina con *tickets* incluidos para los partidos del equipo ganador.

Cualquiera podría pensar que la visita de Rod Stewart para la Copa del Mundo hubiese despertado bastante interés por parte de la prensa, pero, a decir verdad, pasó desapercibida. Peter Deantoni, hombre vinculado al *rock* nacional desde sus inicios, fue quien hizo de enlace y acompañante durante toda la estadía del cantante. El ofrecimiento le había llegado a través de un conocido productor llamado Oscar López y cuando Deantoni aceptó el trabajo, López le avisó: "Mirá que pidió falopa y me dicen que toma mucha". Una vez que el vuelo del músico tocó suelo argentino, Deantoni junto a varios hombres importantes de las oficinas locales de la discográfica Warner recibieron a Rod en la pista y lo llevaron a su limusina. El músico no venía solo, ya que también lo acompañaban el padre de Freddy Mercury y un amigo suyo multimillonario. Ya en el auto, Stewart le preguntó sin muchos preámbulos a su acompañante argentino *"Did you bring the coky for my noky"*. Acto seguido, Peter sacó de su mochila una importante bolsa de merca provista por uno de los empleados de la discográfica que manejaba el catálogo de tango. "*You are the best*" respondió Stewart mientras se preparaba para darle rienda suelta a su nariz juguetona.

El primer partido al que asistieron fue al debut de la selección argentina ante su par de Hungría. Mientras Peter Deantoni conducía a su peculiar grupo por los pasillos del estadio Monumental, le pareció un tanto peligrosa la situación, ya que se trataba de una estrella de *rock* mundialmente conocida que caminaba sin custodia entre miles de personas, pero su preocupación resultó ser innecesaria. Nadie reconoció al músico que, para colmo, no tuvo mejor idea que aspirar una línea de considerables dimensiones en el bufé del estadio para después bajarla con un largo trago de coñac. Tras la victoria de Argentina 2 a 1 frente a los húngaros, la comitiva de Rod emprendió vuelo hacia la provincia de Córdoba para ver el debut de Escocia frente a Perú. En la previa del encuentro, Rod se dejó caer por el hotel de su seleccionado para saludar a varios amigos que tenía en el plantel y de paso tomar un trago con ellos (en ese entonces los jugadores tenían un estilo de vida más relajado). El baile que le propinó el conjunto incaico a los escoceses fue tal —ganó 3 a 1 con una gran actuación de Teófilo Cubillas— que Rod decidió ahí mismo que se volvía a casa pese a que todavía faltaban dos partidos de la fase de grupos. Como el partido se jugó en horas de la tarde, para esa misma noche el grupo ya estaba de vuelta en Buenos Aires y la discográfica decidió invitarlo a comer a un conocido restaurante porteño. La velada transcurría tranquilamente cuando, de repente, tres tipos armados entraron a los gritos al local de comidas. Era un robo.

Cuenta Deantoni que Rod se mostró tranquilo todo el tiempo y hasta incluso pudo descartar un valioso reloj que escondió debajo de la mesa. En un momento, un grupo de oficiales entró en malón al restaurante y comenzó una balacera que terminó con los tres maleantes muertos. Durante el tiroteo, el productor Óscar López solo atinó a tirarse encima de Rod Stewart para cubrirlo al

grito de: "No disparen que este tipo vale un palo verde", una frase que se volvió célebre en el ambiente musical argentino.

Pero lo más bizarro ocurrió minutos después de que la acción hubo terminado. Uno de los oficiales reconoció al músico y no tuvo mejor idea que ofrecerle si quería ver los cadáveres. Cualquier otra persona hubiese declinado el ofrecimiento, pero Stewart aceptó y lo que más le llamó la atención no fue la imagen de tres delincuentes muertos, sino el hecho de que cargaban armas muy viejas. La noche terminó con el dueño del restaurante queriendo cobrarles la cena y los hombres de la discográfica rehusando a pagarla. Todo esto sucedía mientras Rod se tomaba un brandi para aflojar los músculos y bajar los nervios. A las pocas horas, el músico emprendió la vuelta a casa —al enterarse de lo sucedido, su discográfica le prohibió quedarse en Argentina— y no pudo terminar de ver la floja actuación de sus muchachos que, luego de perder con Perú, empataron 1 a 1 con Irán. Lo más destacable para Escocia en este Mundial fue la victoria 3 a 2 frente a Países Bajos en un partido recordado por la mágica apilada de Archie Gemmill en su segundo gol de la noche. Sin embargo, para Rod el año 1978 terminó de la mejor manera, ya que, en el mes de noviembre, lanzó al mercado Blondes have more fun, uno de sus álbumes más aclamados y el cual contenía su más grande éxito, *Da ya think I'm sexy*.

FUENTES CONSULTADAS

LIBROS

Bellas, J. y García, F. (2018). *100 veces Pappo*. Ediciones B.

D'Angelo, J. M. (2022). *Los otros derbis*. LIBROFUTBOL.com.

Deantoni, P. (2016). *Pappo: Made in USA, en la ruta del delirio*. Planeta.

Figueras, M. (2019). *Indio Solari, recuerdos que mienten un poco*. Sudamericana.

Fink, J. (2013). *Los Young, los hermanos que crearon AC/DC*. Titivillus.

John, E. (2019). *Yo, Elton John*. Reservoir Books.

Jones, L. (2012). *Freddie Mercury, la biografía definitiva*. SoporAeternus.

Kay, O. (2016). *Forever young: the story of Adrian Doherty, football's lost genius*. Quercus.

Maradona, D., Arcucci, D. y Cherquis Bialo, E. (2000). *Yo soy el Diego*. Planeta.

Marchi, S. (2007). *No digas nada, una vida de Charly García*. Penguin Libros.

Marchi, S. (2019). *Spinetta, ruido de magia*. Planeta.

McGee, A. (2013) *Creation stories: Riots, raves and running a label*. Pan Books.

Moskowitz, D. V. (2007). *Bob Marley, a biography*. Greenwood Press.

Plenderleith, I. (2015). *Rock n' Roll Soccer. The short life and fast times of the North American soccer league*. St. Martin's Press.

Rees, P. (2013). *Robert Plant, a life*. itBooks

Steffens, R. (2019).*Tanto que contar, historia oral de Bob Marley*. Waldhuter.

Stennig, P. (2006). *Iron Maiden, thirty years of the beast*. Chrome Dreams.

Stewart, R. y Vance, S. (2012). *Rod, the autobiography*. Century London.

DIARIOS

Olé (Argentina)

Ámbito Financiero (Argentina)

Infobae (Argentina)

Diario Registrado (Argentina)

La Nación (Argentina)

Clarín (Argentina)

Página 12 (Argentina)

La Unión (Argentina)

Perfil (Argentina)

Watford Observer (Inglaterra)

Daily Record (Inglaterra)

Mirror (Inglaterra)

The Star (Canadá)

Daily Record (Escocia)

Scotman (Escocia)

Independent (Irlanda)
Irish Examiner (Irlanda)
El Tiempo (Colombia)
El Universal (México)
The Gleander (Jamaica)
Marca (España)
AS (España)
Mundo Deportivo (España)
El País (España)
El Mundo (España)

PÁGINAS WEB

Latinta.com.ar
Dobleamarilla.com
Tycsports.com
Quarterrockpress.com
Garajedelrock.com
Autopistarock.com
Headbangers.com
Costa.parana.gob.ar
Antologíaradio.com
Centrofobal.com
Radioaktiva.com
Mariskalrock.com
Silencio.com.ar
Acdcfans.net
Sopitas.com
Unanimodeportes.com
Vice.com

Metaljournal.net
Marketingregistrado.com
Cuarteldelmetal.com
Rockandrollgarage.com
Trivela.com.br
Thisisrock.es
Lacalderadeldiablo.net
Riverfronttimes.com
Chroniclelive.com.uk
Nuestrosidolosblog.wordpress.com
Apuntesderabona.com
Drakeencourt.blogspot.com
Lookleft.ie
Nosonhoras.com.ar
Dth.com.ar
Undergroundlab.es
Ironbell.uk
Hipertextual.com
Sonica.mx
Goal.com
Tangoradio.com
Madhouse.com.ar
Footballscotland.com
Footballpink.com
Setlits.fm
Bangzdrum.blospot.com
Vidarasta.net
Jotdown.es
Kctimes.com
Enunabaldosa.com

Futboltrotters.wordpress.com
Dth-dta.de
Elcafediario.com
Marcelo-massarino.blogspot.com
Elfutboltienemusica.wordpress.com
Oursoundmusic.com
Minombresesrockandroll.blogspot.com

REVISTAS Y REVISTAS DIGITALES

Rolling Stone (UK)
Rolling Stone (Argentina)
Loudwire.com
Revistauf.com (Argentina)
Revista Un Caño (Argentina)
Kodromagazine.com
Lacarnemagazine.net
Faroutmagazine.com.uk (UK)
El Gráfico

AGENCIAS DE NOTICIAS Y OTROS

Telam (Argentina)
France24 (Francia)
BBC (Inglaterra)
CadenaSer (España)
Urgente24 (España)
20 Minutos (España)

SOBRE EL AUTOR

JUAN MANUEL D'ANGELO

Nacido en la ciudad de Chivilcoy (BA) en 1986, estudió periodismo e historia en la Universidad Nacional de La Plata (UNLP). Entre 2016 y 2019 relató el día a día de la liga australiana en su blog "The A-liga" y actualmente escribe en el portal "Lástima a nadie, maestro". Este título es su tercer libro solitario. En 2021, editó en Brasil "Socceroos, futebol na terra dos cangurus", el cual fue publicado en español por LIBROFUTBOL.com. En esta editorial publicó también "Los Otros Derbis" (2022) y, junto a otros autores, "Ligas Exóticas" (2022).

www.ingramcontent.com/pod-product-compliance
Ingram Content Group UK Ltd.
Pitfield, Milton Keynes, MK11 3LW, UK
UKHW041828200726
13854UKWH00002BA/881